趙爾巽等撰

清史稿

第一九册

卷一六八至卷一七一（表）

中華書局

清史稿卷一百六十八

表八

諸臣封爵世表一

史記、漢書皆表列侯。明史世表亦及功臣。清於封爵，皆仿古制。世及爲禮，視漢特優。非罔替者，甲令按等皆有襲次，不容稍紊。開國所封，沐雨櫛風，攀鱗附翼，與漢元功實無差異。其後盪定邊徼，開拓疆宇，儋爵酬庸，赫奕當代。內地征討，役稍鉅者，胙茅傳胤，亦等邊功。惟福康安非有殊勳，竟贈眞王，襲降之制，一視天潢，亦云濫矣。子、男以次得世職者，往往併襲，今並爲表。最初封者，恆越十代，除爵旣鮮，延世莫廢，非漢列侯所敢望也。外戚封者，附書於後。作諸臣封爵世表。

初封	定南王 孔有德 正紅旗漢軍。崇德元年四月,以來歸封恭
一次襲	
二次襲	
三次襲	
四次襲	
五次襲	
六次襲	
七次襲	
八次襲	
九次襲	
十次襲	
十一次襲	
十二次襲	
十三次襲	
十四次襲	
十五次襲	
十六次襲	
十七次襲	
十八次襲	

順王。

順治六年五月，以軍功改封定南王，鎮廣西。九年七月，殉桂林。諡武壯。

無嗣。

靖南王	
耿仲明	正藍旗漢軍。崇德元年四月，以來歸封懷順王。順治六年五月，
耿繼茂	耿仲明子。順治八年四月襲。鎮廣西，移鎮福建。康熙十年五月，
耿精忠	耿繼茂子。康熙十年五月襲。鎮福建。十三年三月，叛。二十一年

平	
尙	以軍功改封靖南王，征廣東。十一月，自殺。加贈開國輔運推誠宣力武臣。
尙	薨。諡忠敏。
尙	正月，伏誅。

南王

可喜	鑲藍旗漢軍。崇德元年四月，以來歸封智順王。順治六年五月，以軍功改
之孝	尚可喜次子。康熙十三年三月襲。旋辭。命仍父可喜管藩務。
之信	尚可喜子。康熙十五年十二月，幽父可喜叛。十六年六月，反正。詔襲親王。

封平南王，與靖南王同征廣東，留鎮。康熙十四年正月，晉封平南親王。十五年二月，

十九年八月，伏誅。無襲。

爲子之信所幽。十月，薨。諡曰敬。

平西王

吳三桂

遼東人。隸漢軍旗。順治元年五

月，以迎降封平西王。鎮雲南。康熙元年五月，晉平西親王。十二年十二月，叛。革爵。

義王		
孫	可望	正白旗漢軍。順治十四年十二月，以來歸封義王。十七年十一
孫	徵淇	孫可望子。順治十七年十一月襲。尋卒。
孫	徵淳	孫徵淇弟。順治十八年十月襲。康熙十一年，薨。諡順愍。
孫	徵灝	襲義王孫徵淳弟。康熙十一年八月，降襲慕義公。二十年正月，

忠銳嘉勇	
福康安　鑲黃	月，薨。諡恪順。康熙十一年，追降慕義公。
德麟　福康安子。	
慶敏　德麟子。嘉	
文謙　慶敏子。咸	撤銷。五十四年六月，卒。諡清端。子孫弘相降襲，入世職表。
海淩　文謙子。光	
海年　光緒七年	

貝子

旗滿洲。自三等嘉勇男累封至一等忠銳嘉勇公。乾隆六十年九月，以勦湖南等處

嘉慶元年，襲貝勒。子降襲貝子。

慶二十三年，降襲貝子。子降襲鎮國公。

豐五年四月，襲不入八分鎮國公。光緒四年，卒。諡誠靖。

緒四年襲。

襲。

苗匪屢著勞勛，特恩照宗室之例，晉封貝子爵銜。嘉慶元年五月，卒。贈郡王，謚文襄。

配享太廟。子襲貝勒。

輔國公

蘇巴西里　鑲黃旗蒙古。雍正元年，奉旨照宗室

綽依濟多爾濟　蘇巴西里弟。

德埒克多爾濟　綽依濟多爾濟繼子。

羅普藏尼瑪　德埒克多爾濟族弟。乾隆五十

巴彥桑　羅普藏尼瑪子。

博端　巴彥桑子。

博麟　博端弟。

宗祐　博麟子。

和勝武　宗祐繼孫。

祺克坦　和勝武族弟。宣統三年襲。

超等英誠公	
揚古利　正黃旗滿洲。初積軍功授一等總兵	例封輔國公。
塔詹　揚古利子。崇德二年七月，仍襲超等公。六	
愛星阿　塔詹子。順治四年六月，襲一等公。七	
福善　愛星阿子。康熙三年七月襲。四十七年，卒。	二年，改公銜頭等台吉。
海金　福善子。康熙四十七年十月襲。	
豐盛額　海金子。康熙五十九年十二月襲。雍	
豐安　豐盛額子。乾隆二年二月襲。三十九年，以	
阿克東阿　豐安子。乾隆三十五年十二月	
富克錦　阿克東阿子。嘉慶十六年襲。	
連成　富克錦子。咸豐二年襲。	
銘勛　連成子。光緒九年襲。	
扎克丹　銘勛子。光緒三十三年襲。	

官。天聰八年五月，以軍功加牛彔章京。尋封超等公。崇德二年正月，征朝鮮陣亡。追

年十二月，緣事降爲一等公。順治四年，卒。

年三月，恩詔准世襲罔替。康熙三年，卒。諡敬康。

諡恭懿。

正九年三月，襲一等英誠公。

軍功兼一雲騎尉，再准襲一次。

襲。

一等	
圖賴	封武勳王。順治元年，配享太廟。雍正九年三月，給號超等英誠公。
惠塞	
頗爾	
永謙	
景惠	
景恆	
英海	
祿賢	
復昌	
符珍	
松年	

雄勇公
正黃旗滿洲。初積軍功，屢加至三等昂邦章京。順治二年三月，以軍功超封三等公。
圖賴子。順治四年六月襲。尙太宗皇十女。後爲墨勒根王所搆，奪爵。八年十月，卒。九
盔 惠塞弟。順治九年四月襲。
頗爾 盔子。康熙五十一年十二月襲。雍正九年三月，襲一等雄勇公。
永謙 子。乾隆二十七年十二月襲。
景惠 弟。乾隆四十九年十二月襲。
景恆 子。嘉慶十年十二月襲。
英海 子。嘉慶十九年襲。
祿賢 繼子。道光十年襲。
復昌 子。咸豐七年襲。尙文宗皇女榮安公主。宣統元年十二月，卒。
符珍 子。宣統二年襲。

三年五月，晉一等公。四年，卒。九年正月，追謚昭勳，配享太廟。雍正九年三月，給號雄
年正月，事白，追復原爵。

勇。

一等超武公

鼇拜	鑲黃旗滿洲。初積軍功，屢加至一等昂邦章京。尋封三等侯。順
納穆福	鼇拜子。康熙六年八月，襲二等公。八年五月，緣事革。
達福	鼇拜孫。本襲一等男。雍正五年十一月，特旨賜襲一等公。九年
岱呑	達福子。雍正九年十一月襲。
德勝	岱呑子。乾隆二十六年十二月襲。四十五年十一月，奉旨竢出
慶玉	德勝子。嘉慶十二年，改襲一等男。
鍾靈	慶玉子。嘉慶十九年襲。
貴麟	道光十三年襲。
鍾壽	貴麟弟。道光二十三年襲。
鶴齡	鍾壽子。咸豐四年襲。
錫惠	鶴齡子。同治四年襲。

治八年閏二月，以軍功晉一等侯。九年正月，恩詔優封二等公。康熙六年七月，以輔

三月，襲一等超武公。陣亡。

缺時停襲，仍給予一等男爵。

政功，晉一等公。原所有二等公，令其子納穆福襲。八年五月，以罪革，卒。雍正五年十

一等公	
索尼　正黃旗滿洲。初以任	一月，特旨追復一等公。九年三月，給號超武。
心裕　索尼子。康熙六年閏	
法保　心裕弟。康熙六年十	
法爾薩　法保子。康熙四	
令德　法爾薩弟。雍正九年	
善保　令德子。乾隆十五年，	

事有能及軍功，屢加至三等昂邦章京。尋加爲二等。順治九年正月，恩詔晉封三等
四月，襲一等伯。四十二年四月，緣事革。
月，襲封一等公。二十二年三月，緣事革。四十二年四月，襲兄心裕一等伯。
十九年九月襲。雍正九年十二月，晉襲一等公。見外戚（噶布喇）表。
十二月襲。乾隆十四年八月，以祖索尼功，晉號一等翊烈伯。
銷去恩詔所得，襲二等子。二十二年，復襲一等公。以其從弟法隆武襲二等子。

伯。又以恩詔晉一等伯。康熙六年閏四月，以輔政功，於一等伯外加封一等公。尋卒。

	一等褒績公
謚文忠。公爵無襲。子心裕，襲初封之一等伯。	賴塔 正白旗滿洲。順治十
	撥爾吞 賴塔孫。原襲一
	舒陵阿 撥爾吞兄子。雍
	隆興 舒陵阿子。乾隆二十
	祥敏 隆興子。嘉慶五年襲。
	布都爾呼那 祥敏
	佛爾恆額 布都爾呼
	錫露 佛爾恆額子。光緒二

三年，以軍功封三等阿思哈尼哈番。康熙二十五年，以恢復雲南功，授一等阿思哈

等阿思哈尼哈番。雍正五年十月，襲一等公。九年，襲襃續公。十二年，緣事革。

正十二年襲。

五年襲。

子。嘉慶十年襲。

那繼子。道光十七年襲。

十二年襲。

一	
黃	尼哈番。卒。謚襄毅。雍正五年十月，追封一等公。九年三月，給號襃績，世襲。
黃	
黃	
黃	
黃	
黃	
黃	
黃	
黃	

等海澄公	
梧	福建平和人。順治十三年七月，自明鄭成功部將以海澄縣投誠功，封海澄公。
芳度	黃梧子。康熙十三年八月襲。十四年十月，漳州陷，閤門死之。贈郡王，謚忠
芳世	黃梧兄子。康熙十五年三月襲。十七年，卒。謚忠襄。
芳泰	黃芳世弟。康熙十七年五月襲。二十九年，卒。謚襄愍。
應纘	黃芳度嗣子。康熙三十年正月襲。
仕簡	黃應纘子。雍正八年十月襲。乾隆五十二年，坐罪奪爵。
嘉謨	黃仕簡孫。乾隆五十二年襲。
慶春	道光　年襲。
懋澄	

	一等忠達公
康熙六年五月，錫一等。十三年，卒。諡忠恪。	圖海 正黃旗滿洲。初以勤
勇。	諾敏 圖海子。康熙二十一
	瑪爾賽 諾敏子。康熙三
	瑪禮善 瑪爾賽弟。雍正
	瑪賢 瑪禮善子。雍正十一
	瑪賓 瑪賢弟。乾隆五年十
	特通額 瑪賓從弟。乾隆
	隆福 特通額繼子。乾隆
	德興 隆福子。道光二十二
	恩輝 德興子。光緒九年襲。

勞及軍功，康熙十四年八月，累加至一等阿思哈尼哈番。十五年八月，以軍功超封
年六月，襲三等公。
十二年七月，襲三等公。六十一年十二月，襲一等公。雍正九年三月，襲一等忠達公。
十年九月襲。
年十二月襲，坐事奪爵。
二月襲。
十八年十二月襲。
五十一年十二月襲。
年襲。

三等公。二十年十二月，卒。諡文襄。六十一年十一月，追封一等公。雍正二年，配享太
十年九月，奪爵。

一等公	
費揚古　三等伯鄂碩子。順治十五年二月，襲	廟。九年三月，給號忠達。

三等伯。康熙三十六年七月，以平噶爾丹功，晉一等公。卒。謚襄壯。子陳泰襲侯。

一等公	一等公
年遐齡	年羹堯
鑲黃旗漢軍。雍正元年，以子羹堯功封。三年，革。	

鑲黃旗漢軍。雍正元年三月，自川陝總督敍平西藏功，封三等公。十月，晉二等公。二等

年三月，自撫遠大將軍以平青海功，進一等公。三年七月，累降三等公。八月，奪爵。尋

賜自盡。	一等忠勇公
	傅恆 鑲黃旗滿洲。孝賢純皇后弟。乾隆十四年正月，以平定金
	福隆安 傅恆子。乾隆三十五年閏三月，卒。諡勤恪。
	豐紳濟倫 福隆安子。乾隆四十九年襲。嘉慶十二年二月，
	富勒琿凝珠 豐紳濟倫子。嘉慶十二年襲。
	慶興 富勒琿凝珠子。道光九年襲。
	果齊遜 咸豐六年襲。
	松椿 果齊遜嗣孫。光緒十七年襲。

川軍功，封一等忠勇公。三十五年七月，卒。諡文忠。嘉慶元年五月，晉贈郡王銜，配享

卒。

太廟。	一等誠勇公
	班第 鑲黃旗蒙古。乾隆十九年十月，以軍功封一等子。二十年五月，
	巴祿 班第子。乾隆二十年襲。二十七年，以軍功兼一等雲騎尉。
	慶林 巴祿子。乾隆三十六年襲。
	官惠 慶林伯父色布騰之子。其雲騎尉襲次已完。乾隆五十三年，襲
	裕恆 官惠族姪。道光十年襲。
	德崇 裕恆子。同治三年襲。
	聯恩 德崇子。光緒二十七年襲。

一等武毅謀	
兆惠　正黃旗滿洲。乾	以軍功晉封一等誠勇公。十二月，殉節伊犁。諡義烈。
扎蘭泰　兆惠子。乾	
英俊　扎蘭泰子。乾隆	
百善保　英俊兄。嘉	一等誠勇公。
崇恩　百善保繼子。嘉	
忠山　崇恩繼子。咸豐	
恆山　忠山弟。咸豐六	
松山　恆山弟。同治元	
德壽　松山子。光緒元	

勇公

隆二十二年三月，以平定回部功，封一等武毅伯。明年十一月，晉封一等武毅謀勇

隆三十年襲。

五十三年襲。

慶八年十二月襲。

慶十九年襲。

元年襲。

年襲。

年襲。

年襲。

一等誠嘉毅	
明瑞　鑲黃旗滿洲。初	公，世襲罔替。二十九年十一月，卒。謚文襄，配享太廟。
惠倫　明瑞子。乾隆三	
博啓圖　惠倫子。嘉	
景慶　博啓圖子。道光	
景壽　景慶弟。咸豐六	
麟光　景壽子。光緒十	

勇公

襲一等承恩公。乾隆二十四年，以軍功晉一等承恩毅勇公。三十三年正月，以進勦

十三年襲。

慶二年襲。道光十三年七月，卒。諡敬僖。

十四年襲。

年襲。光緒十五年六月，卒。諡端勤。

五年襲。

一等	
阿桂	緬甸深入賊境，改封一等誠嘉毅勇公，世襲罔替。二月，陣亡。謚果烈。
阿迪	
那彥	
承霈	
繼勳	
裕興	

誠謀英勇公

正白旗滿洲。乾隆四十一年正月，以平定兩金川功，封一等誠謀英勇公，世襲罔替。

斯 阿桂子。嘉慶二年十二月丁未襲。官成都將軍。五年三月，以罪革戌。

桂 阿迪斯子。嘉慶五年十二月壬戌襲。

那彥 桂繼子。

承霈 繼子。光緒二年襲。

繼勳 子。光緒二十年襲。

一等超勇公		
海蘭察	鑲黃旗滿洲。賜號巴圖魯。	嘉慶二年八月卒。諡文成，配享太廟。
安祿	海蘭察子。乾隆四十九年，以海	
恩特賀莫扎拉芬	嘉慶	
安成	嘉慶六年襲。	
阿玉璽	嘉慶二十五年襲。	
克興額	道光二十年襲。	
阿淩阿	道光二十二年襲。	
祥保	道光二十六年襲。	
扎綿	同治十二年襲。	
瑞普	扎綿子。光緒十八年襲。	
倭林保	光緒二十五年襲。	

乾隆二十七年，以軍功給騎都尉兼一雲騎尉世職。四十一年，以軍功晉封一等超

蘭察軍功襲騎都尉。五十八年十二月，襲一等超勇公。嘉慶四年，卒。諡壯毅。

四年襲。

勇侯。五十二年，以軍功晉封二等超勇公。五十七年，以軍功晉一等超勇公，世襲罔替。五十八年三月，卒。諡武壯。

一等謀勇公
孫士毅　浙江仁和人。乾隆五十三年十
孫均　士毅孫。嘉慶元年七月，襲伯爵。尋

二月，以平安南封一等謀勇公。明年正月，奪爵。嘉慶元年四月，以勦教匪功，封三等

停。十一年六月革，並銷旗籍。

男。旋卒于軍。諡文靖，追復公爵。允其遺奏所請，入正白旗漢軍籍。以其孫降襲伯爵。

一等忠襄公	
和珅	正黃旗滿洲。乾隆四十九年，併其世職封一等男。五十三年，晉封三
豐紳殷德	和珅子。嘉慶四年正月，襲伯爵。尋奪。七年十二月，賜民公

等忠襄伯。嘉慶三年八月，以俘教匪王三槐功，晉封一等忠襄公。四年正月，賜死，奪

品級。八年八月，削。十二年十二月，仍授伯爵品級。十五年四月，再晉公爵品級。旋卒。

	一等威勇公
公爵，仍留伯爵。	額勒登保　正黃旗滿洲。嘉慶元年，以苗疆肅清，封一
無襲。	莫爾賡額　額勒登保子。嘉慶十年，襲一等侯。
	哈郎阿　莫爾賡額弟。嘉慶十三年襲。道光三十年，卒。謚
	那銘　哈郎阿子。道光三十年襲。
	榮全　那銘子。咸豐元年襲。
	富康　榮全子。光緒三年襲。

等威勇侯。二年，以勳教匪無功，降三等伯。三年，奪爵。四年，封二等男。尋晉一等男。六
剛恪。

年，晉二等子。尋晉三等伯。七年正月，復降一等男。十二月，以三省教匪蕩平，封一等

一等威		
長齡	正白	侯，世襲罔替。十年八月，封三等威勇公。旋卒。諡忠毅。子降襲。
桂輪	長齡	
麟興	桂輪	
成德	麟興	
成端	麟興	
奎元	成端	

勇公

旗蒙古。道光八年，以平張格爾功，封二等威勇公。十七年，晉一等公，世襲罔替。十八
子。道光十八年襲。卒。諡恪慎。
繼子。
子。光緒五年襲。
繼子。光緒七年襲。
子。光緒三十四年襲。

	二等公
年，卒。諡文襄。	英古爾代 正白旗滿洲。初積軍功及考績，屢加至三
	伊圖 英古爾代子。順治五年九月襲。後緣事降爲三等精
	碩塔 伊圖弟。順治九年四月，襲二等子。
	額爾金 碩塔叔父之孫。康熙二十二年十月襲。以罪革。
	英敏 英古爾代孫。康熙五十六年十一月，降襲三等精奇
	英俊 英敏子。雍正六年十二月襲。
	保賀 英俊子。乾隆十二年四月襲。
	哲臣 保賀子。乾隆四十七年十二月襲。
	福珠隆阿
	海慶
	志勤
	如璧
	阿拉哈

等昂邦章京。順治二年三月，超封三等公。四年六月，以考績晉二等公。五年二月，卒。

奇尼哈番。九年，恩詔加爲二等。是年卒。今漢文改爲二等子。

尼哈番。今漢文改爲三等子。坐事革。

二等公

羅璧
一等伯程尼叔父。
順治十二年，併本身所得之一等阿達哈哈番，襲

封二等公。

三等勇勤公	
和碩圖	三等子何和禮子。初襲父職。天聰二年，以軍功超封
何爾本	和碩圖子。天聰八年五月襲。
哲爾本	何爾本弟。崇德四年六月襲。
蘇布	哲爾本弟。順治五年七月襲。
袞布	蘇布兄之子。順治七年三月襲。九年正月，恩詔晉一等公。
彭春	袞布叔父之子。順治九年六月襲。康熙四十年，以病解退。
增壽	彭春子。康熙四十年四月，降襲三等公。
恆泰	增壽子。康熙六十年十二月襲。雍正九年三月，襲三等勇
色楞格	恆泰兄之子。雍正十一年九月襲。
和音布	色楞格從弟。乾隆十四年六月襲。
明英	和音布從弟。乾隆十六年十二月襲。
和色布	明英從弟。乾隆五十年十二月襲。
福蔭	和色布子。嘉慶三年襲。
慶瑞	福蔭子。道光元年襲。
阿那洪阿	慶瑞繼子。咸豐三年襲。
咸齡	阿那洪阿子。光緒八年襲。
豫隨	咸齡子。光緒十三年襲。
普齡	咸齡弟。光緒二十二年襲。
存鍾	咸齡繼子。光緒三十四年襲。

三等果毅	
圖爾格鑲黃	三等公。卒。追諡端恪。雍正九年三月，贈三等勇勤公，世襲。
科布棱圖爾	
遏必隆圖爾	
法喀遏必隆子。	
阿靈阿法喀	尋卒。
阿爾通阿	
殷德阿靈阿兄。	
訥親殷德子。雍	勤公。坐事革。
策楞訥親兄。乾	
達爾黨阿	
阿里袞達爾	
豐昇額阿里	
明安豐昇額承	
興長嘉慶七年	
那蘇巴圖	
巴雅爾綽	
寶全同治三年	
鐵麟光緒二十	

公

旗滿洲。一等子、贈弘毅公額宜都子。初積軍功，屢加至三等昂邦章京。緣事革。後以

格子。順治二年二月，降襲三等昂邦章京。尋以罪革。八年閏三月，事白，襲父三等公。

格弟。初襲一等子，別見。順治九年正月，併科布梭爵爲一等公。康熙六年八月，以輔

康熙六年八月襲。二十五年，緣事革。

弟。康熙二十五年四月襲。

阿靈阿子。康熙五十六年四月，銷去恩詔所得，降襲二等公。雍正二年十月，緣事革。

初襲見子爵表。雍正二年十月襲。五年四月，因病告退。以其子承襲公爵。十月，卒。謚

正五年四月襲。十三年十二月，以行走勤慎，實心供職，晉襲二等果毅公。十三年十

隆十三年，襲二等果毅公。以罪削爵。

策楞從弟。初襲見子爵表。乾隆十九年九月襲。二十二年，緣事削爵。

黨阿從弟。乾隆二十三年襲。二十四年，以軍功加一雲騎尉，并爲一等果毅公。三十

袞子。乾隆三十四年襲。乾隆四十一年，以軍功加號繼勇，爲一等果毅繼勇公。並別

繼子。乾隆四十二年七月襲。嘉慶七年，革。

襲。

嘉慶十年襲。

克托

豐昇額孫。道光五年襲。

襲。

七年襲。

軍功復加至三等昂邦章京。崇德八年十月，以軍功超封三等公。順治二年，卒。九月，

九年正月，恩詔晉二等公。緣事革。

政功，於一等公外加賜一等公。原所有一等公，令其子法喀襲。九年，緣事革去所賜

愍敬。

二月，晉一等公。乾隆十三年九月，革。

四年，卒。謚襄壯。四十二年，追封一等果毅繼勇公。

賞給一等子，世襲，見子爵表。四十二年十月，卒。謚誠武。

追諡忠義，配享太廟。雍正九年三月，給號果毅。

一等公。尋復與一等公衡。十二年，卒。諡恪僖。十六年，聖祖立其女爲皇后，是爲孝昭仁皇后。

三等奉義公	
恩格德理	正黃旗滿洲。天聰八年，以率衆來歸，授三等昂
額爾克代青	恩格德理子。崇德元年，襲三等昂邦章京。
囊努克	額爾克代青兄。順治十六年，以額爾克代青有罪，將
大壽	額爾克代青子。康熙六年，特旨賜襲二等公。
費揚古	大壽兄。康熙八年，襲三等公，分一拖沙喇哈番與其
喇阿泰	費揚古子。康熙二十八年襲。
噶爾薩	喇爾泰弟之子。康熙五十四年，銷去恩詔所得，襲一
英泰	噶爾薩子。乾隆九年十二月，仍降襲一等侯。十四年，復給
安琳	英泰子。乾隆三十三年十二月襲。以事革。
成德	安琳子。乾隆四十七年十二月襲。道光三年卒。
琦善	成德子。道光三年襲。二十一年正月，以專擅割地革。後卒。
松桂	琦善族姪。道光二十一年襲。
立瑞	松桂子。同治八年襲。
恩特和圖	立瑞繼子。光緒三十四年襲。

邦章京。崇德元年，卒。後謚端順。雍正七年，特旨追封三等公。九年三月，給號奉義。

順治二年，加爲二等。七年，恩詔超封三等侯。後以事削去侯爵，降爲二等精奇尼哈

所襲伊父三等精奇尼哈番令囊努克襲，合本身所得之二等阿達哈哈番，併爲二

叔索爾哈之子色凌襲。

等侯。雍正七年，特旨襲三等公。九年三月，襲三等奉義公。

號奉義。

謚文勤。

番。事白，晉封一等侯。九年，兩次恩詔加至二等公。是年七月，併其弟索爾哈之一拖

等伯。康熙六年，以所襲職與弟之子承襲，仍留本身二等阿達哈哈番。今索爾哈之漢文改爲

三等信勇	
費英東　鑲黃	
索海　費英東子。	沙喇哈番，晉一等公。十一年，緣事降爲二等公。後以罪革。
納海　索海兄。與	二等輕車都尉。
查喀尼　索海	
倭黑　查喀尼子。	
傅爾丹　倭黑	
兆德　傅爾丹子。	
哈達哈　兆德	
哈寧安　哈達	
兆德　傅爾丹子。	
富興　兆德子。原	
富銳　富興弟。乾	
安寧　富銳從子。	
盛貴　安寧子。嘉	
聯綏　咸豐四年	
定昌　聯綏子。光	
錫明　光緒二十	

公

旗滿洲。太祖時，積軍功授三等總兵官。天命五年，卒。崇德元年，追封直義公，配享太

天命五年，襲三等總兵官。今漢文改爲三等子。

弟圖賴分襲三等總兵官。緣事革。

圖賴

索海弟。與兄納海分襲三等總兵官。

弟。天聰八年，改襲三等昂邦章京。今漢文改爲三等子。

崇德八年襲，恩詔加爲二等精奇尼哈番。順治九年，累加爲一等。十六年，特旨賜襲

子。康熙三十年襲。雍正九年，晉襲三等信勇公。十年九月，革。後卒。諡溫愨。

雍正十一年襲。坐事革。

弟。乾隆元年襲。二十二年，坐事革。

哈子。乾隆二十二年襲。坐事革。

乾隆二十三年復襲。

襲雲騎尉。乾隆三十六年，併爲二等信勇公。四十三年，晉一等公，卒。諡勤毅。

隆五十四年襲。

嘉慶五年十二月襲。

慶十五年襲。

襲。

緒四年襲。

七年襲。

廟。順治十六年，以開創第一功臣，特贈三等公。雍正九年三月，給號信勇，世襲。

緣事革。

三等公。

三等公

吳內格	正白旗蒙古。初以來歸及軍功，屢加至三等總兵官。天聰八年
光泰	吳內格子。天聰九年二月襲。崇德四年六月，以罪降一等梅勒章京。
齊墨圖克	光泰兄。崇德四年，襲一等梅勒章京。今漢文改爲一等男。
光泰	齊墨圖克弟。順治五年四月，復襲一等阿思哈尼哈番。七年，恩詔晉
沙哈納	光泰兄之子。初襲父齊墨圖克之拜他喇布勒哈番，恩詔加一
智勇	沙哈納弟之子。康熙二十一年襲。以罪革。
延福	智勇子。雍正八年，銷去恩詔所得，襲三等精奇尼哈番。今漢文改爲
阿玉璽	延福子。乾隆十八年襲。坐事革。
安泰	阿玉璽從弟。乾隆十九年襲。
伊魯爾圖	安泰子。乾隆四十年襲。
佛興額	伊魯爾圖子。嘉慶元年襲。
富珠隆阿	佛興額弟。
英瑞	富珠隆阿子。
永福	英瑞子。

五月，以軍功超封三等公。
令其兄齊墨圖克襲。
三等精奇尼哈番。緣事降一等阿思哈尼哈番，兼一拖沙喇哈番。九年，兩次恩詔加
拖沙喇哈番。康熙八年，襲叔父光泰職，併爲二等精奇尼哈番。今漢文改爲二等子。
三等子。

至二等精奇尼哈番。後仍降爲一等阿思哈尼哈番。以其兄之子沙哈納襲。今漢文

三等建烈公		
多尼庫魯格	鑲黃旗蒙古。初積軍功，授一等昂邦	
博羅	多尼庫魯格子。崇德七年八月襲。	
噶爾瑪	博羅子。順治九年六月襲。	
杜噶爾	噶爾瑪子。康熙四十六年十二月襲。	改爲一等男。
達什琳陳	杜噶爾子。康熙五十四年十二月襲。雍正	
敏珠爾多爾濟	達什琳陳子。乾隆十八年十二	
扎木巴爾車凌	敏珠爾多爾濟子。乾隆五十五	
阿爾塔西迪		
索特那木拉	阿爾塔西迪子。	
凌錦多爾濟托克	索特那木拉子。	
德木楚克扎布	凌錦多爾濟托克弟。光緒二年	

章京。崇德七年，陣亡。超贈三等公。雍正九年三月，給號建烈。

九年三月，襲三等建烈公。

月襲。

年襲。

襲。

三等威

岳鍾琪

信公
四川成都人。雍正二年三月，以平青海功，封三等公。十年四月，緣事降侯。七月，奪爵。

三等義	
那木扎	乾隆十四年三月，復三等威信公。十九年，卒。諡襄勤。子降襲。
保寧 那木	
慶祥 保寧	
文輝 慶祥	
惪鑑 文輝	
希璋 惪鑑	

烈公
爾正白旗蒙古。乾隆二十一年，以軍功封一等勤襄伯。二十四年四月，陣亡。追封
扎爾子。乾隆二十四年四月襲。嘉慶十三年，卒。諡文端。
子。嘉慶十三年十二月襲。道光六年六月，以殉難喀什噶爾，併爲一等義烈公。諡壯
子。道光六年，襲一等義烈公。
子。咸豐元年襲。
子。光緒二十五年襲。

續順公		
沈志祥	正白旗漢軍。崇德四年十月，以來歸	義烈公，世襲罔替。諡武毅。
沈永忠	志祥兄之子。順治六年二月襲。十二	
沈永興	永忠從弟。順治十二年六月襲。	直。
沈瑞	永忠子。康熙九年四月襲。二十年十一月，	
沈熊昭	瑞叔父之孫。康熙二十四年十月襲。	
沈之義	熊昭子。康熙五十九年七月襲。	
沈鐸	之義子。雍正三年三月襲。	
沈定文	鐸子。乾隆十九年十二月襲。十三	
沈廣文	定文弟。乾隆三十三年十二月襲。	
德通	廣文子。乾隆三十九年十二月襲。	
玉山	德通子。道光四年襲。	
善佑	玉山子。咸豐十一年襲。	
瑞崑	善佑子。光緒十四年襲。	
明志	榮堃子。	
榮塾	善佑次子。	
慶齋	榮塾子。	

弘毅公	
額亦都　鑲黃旗滿洲。太祖時，以功授一等總兵官。	封續順公。
遏必隆　額亦都子。天聰六年，襲一等總兵官。後緣	年，緣事革。
殷德　額亦都孫。康熙五十二年，特恩賜襲一等精奇	
豐阿達　殷德伯父之孫。雍正三年襲。	在福建全家殉節。
達爾黨阿　豐阿達弟。乾隆三年襲。十九年，特恩	
特通阿　達爾黨阿從兄子。乾隆二十年襲。坐事革。	
仁和　額亦都之四世孫。乾隆二十一年襲。坐事革。	
毓奇　額亦都之四世孫。乾隆四十六年襲。	年，緣事革。
班喜　額亦都之五世孫。乾隆五十六年襲。	

海澄公	
鄭克塽 正紅	天命六年，卒。崇德元年，追封弘毅公，配享太廟。
	事革。今漢文改爲一等子。餘詳前三等果毅公。
	尼哈番。今漢文改爲一等子。雍正二年，晉襲三等果毅公。
	賜襲二等果毅公，將一等子另襲。

旗漢軍。鄭成功孫。初，順治十年五月，封成功爲海澄公，不受。十一月，復封，仍不受。康

承恩公	
白文選 正白	熙二十二年，克塽歸順，仍封海澄公。四十六年病故。無襲。
白繪 文選子。降	

公	
陳福 陝西定邊	漢軍旗。康熙元年，十一月，以歸順封承恩公。十四年，卒。
	三襲等精奇尼哈番。無襲。

堡人。二等阿思哈尼哈番，加三等精奇尼哈番。康熙十四年，以陝西提督被戕，贈三等公。謚忠愍。

清史稿卷一百六十九

表九

諸臣封爵世表二

初封	一等侯 伊爾德正黃
一次襲	巴渾忒伊爾
二次襲	馬哈達巴渾
三次襲	巴通阿馬哈
四次襲	郭爾多巴通
五次襲	噶爾炳阿
六次襲	巴爾桑阿
七次襲	文恆巴爾桑阿
八次襲	勒英文恆子。道
九次襲	盛啓勒英子。
十次襲	德啓盛啓弟。光
十一次襲	
十二次襲	
十三次襲	
十四次襲	
十五次襲	
十六次襲	
十七次襲	
十八次襲	

旗滿洲。初積軍功，屢加至二等昂邦章京。順治七年三月，恩詔准世襲罔替。五月，以
德孫。順治十八年十二月，襲。卒。子降襲二等伯。
忒子。雍正元年十二月，降襲二等伯。乾隆四年，卒。十四年八月，贈號宣義，世襲。
達子。雍正八年，襲。
阿子。乾隆四年十二月，襲。十四年八月，襲二等宣義伯。
郭爾多子。乾隆十九年十二月，襲。
噶爾炳阿子。乾隆三十六年十二月，襲。
孫。嘉慶八年，襲。
光十四年，襲。
緒二十四年，襲。

軍功加爲一等。九年正月,恩詔超封三等侯。緣事降一等伯。又以恩詔由一等伯加

一拖沙喇哈番。緣事革。十四年九月，以軍功復爵。尋晉一等侯，又一拖沙喇哈番。今

一等侯		
馬得功	鑲黃旗漢軍。順治十	漢文改爲一等侯，又一雲騎尉。卒，謚襄敏。
馬三奇	馬得功子。康熙四年	
馬爾瑛	馬三奇弟之子。雍正	
馬國鍾	馬爾瑛子。雍正十年	
馬國銘	馬國鍾從弟。乾隆十	
馬官正	馬國銘子。乾隆四十	
善慶	馬官正子。乾隆四十九年	
蘇勒芳阿	善慶子。嘉慶二	
岳齡	蘇勒芳阿子。道光十八年，	
英俊	岳齡子。光緒元年，襲。	
憲珍	英俊子。光緒三十四年，襲。	

三年二月，以來歸及軍功，屢加至一等精奇呢哈番。十八年五月，超封三等侯。康熙
正月，襲一等侯。雍正二年九月，緣事革。
三年五月襲。
五月襲。乾隆十四年八月，襲一等順勤侯。以罪革。
五年七月，襲。
年十二月，襲。
十二月，襲。
十二年，襲。
襲。

二年十月，征福建海賊，陣亡。四年正月，加贈一等侯，謚襄武。乾隆十四年，贈一等順

一等靖逆侯		
張勇	遼東人，隸陝西潼關衞。康熙十四年四月，以軍功由一等	勳侯，世襲。
張雲翼	張勇子。康熙二十五年，襲。	
張宗仁	張雲翼子。康熙四十九年，襲。	
張謙	張宗仁子。康熙五十九年，襲。	
張承勳	張謙子。乾隆十三年十二月，襲。	
張秉樞	張承勳子。乾隆三十二年襲。五十九年十一月，特旨	
張順		
張禹銘	張順繼子。	
張培	張禹銘子。光緒十三年，襲。	

一等昭武	
陳泰費揚古子。	輕車都尉封靖逆侯。十五年八月，復晉一等侯。卒。謚襄壯。
圖把陳泰弟。雍	
圖桑阿圖把	
松齡圖桑阿子。	
明慶松齡孫。	
錫光明慶子。	自其父張承勳始，歸入漢軍正黃旗。
果權錫光子。	

侯
康熙四十年十二月，降襲一等侯。以罪革。乾隆十四年八月，贈一等昭武侯，世襲。
正十年五月，襲。
子。乾隆十年十二月襲。十四年八月，襲一等昭武侯。
嘉慶七年，襲。

一等延恩侯

朱之璉	正白旗漢軍。雍正二年十二月，以明代後裔，由正定知府特賜
朱震	朱之璉子。雍正八年十一月，襲一等侯。
朱紹美	朱震子。乾隆十一年二月，襲一等侯。十四年八月，改襲一等延
朱儀鳳	朱紹美從子。乾隆四十年十二月，襲。
朱毓瑞	朱儀鳳子。嘉慶二年，襲。
朱秀吉	朱毓瑞子。
朱秀祥	朱秀吉弟。道光八年，襲。
朱貽坦	朱秀祥族祖。道光九年，襲。
書桂	朱貽坦族叔。道光十六年，襲。
鶴齡	書桂繼子。
誠端	鶴齡族孫。同治八年，襲。
朱煜勳	誠端子。光緒十七年，襲。

一等成勇	
富德正黃旗滿	一等侯。八年，卒。乾隆十四年八月，贈一等延恩侯，世襲。
	恩侯。緣事革。

靖遠侯	一等侯
洲。乾隆二十四年，以平回部功封。二十七年，革。	福長安　傅恆子。官軍機

	一等繼勇
大臣。嘉慶三年八月，以擒教匪王三槐功封。四年三月，革。	德楞泰 嘉慶
	蘇崇阿 德楞
	倭什訥 蘇崇
	希元 倭什訥子。
	世榕 光緒二十

侯	一等昭勇
七年十二月，以平三省教匪封。十四年九月，卒。謚壯果。	楊遇春四川
泰子。嘉慶十四年九月，襲。道光九年，卒。	楊國楨遇春
阿子。道光九年十二月，襲。咸豐二年八月，卒。	楊炘國楨子。道
咸豐三年，襲。光緒二十年八月，卒。	楊光坦同治
年，襲。	楊正藩光緒

侯
崇慶武舉。嘉慶十八年，平滑縣教匪，封二等男。道光五年，晉一等昭勇侯。十七年二
子。道光十七年三月，襲。二十九年八月，卒。
光三十年，襲。咸豐十年陣亡。諡威肅。
八年，襲。
三十年，襲。

	月，卒。諡忠武。
一等毅勇侯	
曾國藩 同治三年六月，以江南平，封。十一年二月，卒。諡	
曾紀澤 國藩子。同治十一年，襲。光緒十六年閏二月，卒。	
曾廣鑾 紀澤子。光緒二十三年，襲。	

		一等肅毅侯
文正。	李鴻章	同治三年六月，以江南平封一等肅毅伯。光緒二十
謚惠敏。	李國杰	鴻章孫。光緒三十年八月，襲。

	一等侯
七年，九月，卒。晉贈一等侯，世襲。	袁世凱　河南項城附貢生。官內閣總理

大臣。宣統三年十一月，封。

二等順義侯

田雄	鑲黃旗漢軍。順治二年，以來歸及軍功，授
田象坤	雄弟之子。康熙四年正月，襲。二十五
田存德	象坤子。雍正十年閏五月，襲。
田國恩	存德子。乾隆十二年五月，襲。十四年
田國榮	國恩弟。乾隆十八年十二月，襲。
慶通	國榮子。嘉慶十年，襲。
景端	慶通子。
恩綬	景端子。
錫光	恩綬子。同治元年，襲。
延秀	錫光子。光緒四年，襲。

一等精奇尼哈番。十八年五月,復敍其擒獻明福王功,超封二等侯。康熙三年,卒。謚
年七月,以軍功晉一等侯。
八月,襲一等順義侯。坐事革。

二等果勇侯	
	毅勇。乾隆十四年，八月，贈二等順義侯，世襲。
楊芳 貴州松桃人。道光八	
楊建煐 楊芳曾孫。同治	
楊國墀 楊建煐子。光緒	

年，以俘逆回張格爾，封三等果勇侯。是年，晉二等侯。十三年，晉一等侯。十四年，降二
十三年，襲。光緒十九年，卒。
三十二年，襲。

	等。二十六年，卒。謚勤勇。

二等恪靖侯

左宗棠	同治三年，以平浙江封一等恪靖伯。
左念謙	左宗棠孫。光緒十四年，襲。十八年，卒。
左景裕	左念謙子。光緒三十年，襲。

三等侯	
巴世泰　三等	光緒二年，以回疆肅清，晉二等侯。十一年七月，卒。謚文襄。
諸蘭泰　巴世	
桑格　諸蘭泰子。	
偏圖　桑格子。康	
郎圖　偏圖弟。康	
納爾泰　郎圖	
德成額　納爾	
永祥　乾隆五十	
克什布　永祥	
希拉布　道光	
崇壽　咸豐四年，	
安續　崇壽嗣子。	
安成　光緒二十	

子圖魯什子。天聰八年十一月，襲父職。順治九年正月，恩詔晉封至一等伯。四月，以
泰子。順治九年四月，襲。
順治十二年七月，襲。
熙二十三年十月，襲。
熙五十六年，銷去恩詔所得，襲一等精奇尼哈番。今漢文改爲一等子。
姪。乾隆二年，襲。
泰子。乾隆五年，襲。
九年，襲。
孫。嘉慶十八年，襲。
二十九年，襲。
襲。
光緒十七年，襲。
五年，襲。

三等侯	
李國翰　鑲藍旗漢軍。國初三	在御前爲蒙古侍衛所刺。追贈爲三等侯。
海爾圖　李國翰子。康熙元年	
李廷燮　海爾圖孫。康熙二十	
伊爾拜　李廷燮弟。康熙三十	
李枤　伊爾拜從姪。雍正七年六	
黑格　李枤從孫。雍正十三年閏	
李坦　黑格從弟。雍正十三年十	
李境　李坦再從兄。乾隆十三年	
慶壽　李境子。乾隆四十五年十	
成山　慶壽子。嘉慶十年，襲。	
慶英　成山族叔。道光二十年，襲。	
恩來　慶英子。道光二十四年，襲。	
延康　恩來子。光緒十一年，襲。	

等副將李繼學子。初襲見三等男表。順治五年六月，晉封至一等精奇尼哈番。九年

二月，襲。

一年八月，襲。

四年十二月，襲。以罪革。後以伯爵降襲。

月，降襲三等伯。坐事革。

四月，襲。坐事革。

二月，襲。坐事革。

十二月，襲。十四年八月，以其高祖李國翰功，賜號懋烈伯，世襲。

二月，襲。

三等靖海	
施琅鑲黃旗漢	正月，晉至一等伯。閏六月，晉三等侯。十七年，卒。諡敏壯。
施世范琅子。	
施廷皐世范	
施純愷廷皐	
施鋐純愷子。乾	
施秉仁鋐子。	
施斌秉仁子。嘉	
施德霖斌子。	
施德露德霖	
施振德露子。同	
施恩榮振子。	
施澍恩榮堂叔。	
施普澤澍族	

侯
軍。康熙七年三月，封伯爵。二十九年九月，以平臺灣功，晉封靖海侯，世襲。三十五年
康熙三十五年五月，襲。
子。乾隆二年十二月，襲。
子。乾隆二十四年十二月，襲。
隆四十一年十二月，襲。
乾隆四十七年十二月，襲。
慶十九年，襲。
道光七年，襲。
弟。咸豐六年，襲。
治十年，襲。
光緒十一年，襲。
光緒二十一年，襲。
弟。光緒三十二年，襲。

三月，卒。謚襄壯。

三等襄勇侯	
明亮	鑲黃旗滿洲。乾隆四十一年正月，以功封一等襄勇
聯慶	明亮孫。道光二年，襲。
恩昌	聯慶子。道光九年，襲。
恩崇	恩昌弟。道光十五年，襲。
奎璧	恩崇姪。同治四年，襲。
存興	光緒二十七年，襲。

伯。四十八年七月，革。嘉慶元年十二月，復以苗境肅清封原爵。三年正月，再革。七年

十二月，封一等男。十年五月，晉封一等子。十四年正月，再晉三等伯。二十四年十一

月，晉封三等襄勇侯。道光二年七月，卒。諡文襄。

三等果勇侯	
和隆武	正黃旗滿洲。乾
和雙額	和隆武弟。乾隆
和英額	和雙額弟。
圖麟	和英額子。道光元年，
穆輅	圖麟子。咸豐三年，襲。
希蘭	穆輅子。同治八年，襲。
秀綸	希蘭孫。光緒三十二

隆二十二年六月，追贈其父和起爲一等伯，併給一等子，令其承襲。四十一年正月，

四十七年十二月，襲。

襲。

年，襲。

三	
勒	以平定金川功，晉封三等果勇侯，世襲罔替。四十七年八月，卒。諡壯毅。
英	
文	
廷	
廷	
琦	

等威勤侯	
保	鑲黃旗滿洲。嘉慶二年九月，以功封一等威勤侯。三年八月，晉封威勤公。四年
惠	勒保子。嘉慶二十四年，襲封三等侯。
厚	英惠子。道光十二年，襲。
鈞	文厚子。同治四年，襲。
楨	廷鈞弟。光緒四年，襲。
瑤	廷楨嗣子。光緒十八年，襲。

七月，革。六年八月，封三等男。七年十二月，晉封一等威勤伯。二十四年八月，卒。晉贈

	恭順侯
一等威勤侯，諡文襄。	吳惟華　明侯。順治二年，敘迎順功，封。九年，坐罪削。

爵。	同安侯
	鄭芝龍 正紅旗漢軍。順治五年八月，以歸順授一等精奇尼哈番。

十年五月，晉封同安侯。後成遼東。十八年十月，殺。

慕義侯

譚洪

順治十六年，以

	建義侯
來降封。康熙十三年叛，革。	林興珠鑲黃旗漢軍。無襲。

清史稿卷一百七十

表十

諸臣封爵世表三

初封	一等伯 莽古爾代
一次襲	巴特瑪 莽古
二次襲	額參 巴特瑪子。
三次襲	四哥 額參兄。康
四次襲	班達爾沙
五次襲	班岱 班達爾沙
六次襲	班達哈 班岱
七次襲	特通阿 班達
八次襲	哈當阿 班塔
九次襲	松桂
十次襲	立端
十一次襲	恩特和圖
十二次襲	
十三次襲	
十四次襲	
十五次襲	
十六次襲	
十七次襲	
十八次襲	

正黃旗滿洲。天聰八年五月，自蒙古來歸，授三等昂邦章京。順治二年二月，加爲二
爾代兄之子。順治九年七月襲。康熙三十一年十二月，以病退。
康熙三十一年十二月襲。三十七年十月，以庸劣解退。
熙三十七年十月襲。緣事革。後降襲。
四哥伯父之二世孫。雍正七年，降襲二等精奇尼哈番。今漢文改爲二等子。
子。乾隆八年十二月襲。
弟。乾隆十一年十二月襲。
哈子。乾隆四十五年十二月襲。
子。嘉慶四年襲。
立端繼子。光緒三十四年襲。

等。七年三月，恩詔加爲一等。九年正月，恩詔超封二等伯。又以恩詔晉一等伯。是年卒。

一等伯

程尼三等子勞薩子。崇德七年八月襲。順治七年三月，恩詔加爲二

等精奇尼哈番。九年正月，兩次恩詔超封一等伯。陣亡，加一拖沙喇哈番。今漢文改

一等昭信伯	
霸彥 三等子李永芳子。順治九年正月，論	爲一等伯，又一雲騎尉。諡誠介。
釋迦保	
長生 釋迦保子。	
天保 長生族叔。	
李繩宗	
李淑忠	
李侍堯 霸彥三世孫。乾隆三十三年襲。	
李奉堯 李侍堯弟。	

	一等伯
功封一等伯。乾隆十四年，追贈一等昭信伯。	舜保二等公羅璧子。康熙元年，
	奇通額舜保子。康熙十二年
	欽拜奇通額子。康熙三十四年
	固寧阿欽拜姪。乾隆十三年
	阿克敦固寧阿子。乾隆三十
	武爾恭額阿克敦子。乾隆
	松寧武爾恭額叔。乾隆四十九
	慶亮嘉慶四年襲。
	秀聯慶亮子。道光二十八年襲。
	鍾潤秀聯子。光緒十八年襲。

一等	
趙良	分襲一等伯，又一拖沙喇哈番。今漢文改爲一等伯，又一雲騎尉。
趙弘	三月襲。
趙之	十二月襲。
	五月，降襲二等精奇尼哈番。今漢文改爲二等子。
趙曰	年十二月襲。
趙其	四十七年十二月襲。
趙延	年十二月襲。

伯

棟	寧夏人。康熙三十四年，四月，追敍平雲南功，封一等子。三十六年三月，卒。謚襄。
燮	良棟次子。康熙三十七年，襲一等子。六十一年，卒。
璧	弘燮子。康熙六十一年，襲一等子。
祕	之璧孫。乾隆四十七年，襲一等伯。
楨	道光年，襲一等伯。官河南河北鎮總兵。二十年，卒。
煨	其楨子。道光二十年襲。

一等伯	
伊勒圖正白	忠。乾隆三十二年，予世襲罔替。四十七年，詔追晉一等伯。
哲琛泰伊勒	
西爾杭阿	
毓壽哲琛泰繼	
良績毓壽子。光	
良休毓壽繼子。	
德印良休子。宣	

旗滿洲。乾隆五十年七月，卒。以久任伊犂將軍，辦事妥協，由雲騎尉追封一等伯，諡
圖子。乾隆五十年七月襲。
哲琛泰子。
子。
緒七年襲。
統三年襲。

襄武。	一等宣勇伯
	和琳 正黃旗滿洲。乾隆五十八年，任四川總督，以辦理廓爾喀軍餉
	豐紳宜綿 和琳子。嘉慶元年襲。四年，奪爵。

妥協，授雲騎尉世職，令伊子豐紳宜綿襲。六十年九月，以軍功，特恩封一等宣勇伯。

一	
曾	嘉慶元年八月，卒。贈一等宣勇公，謚忠壯，配享太廟。四年正月，皆追奪。
曾	

等威毅伯

國荃 同治三年六月，以江南平，封一等威毅伯。光緒十六年十月，卒。謚忠襄。

廣漢 國荃孫。光緒二十年襲。

一等果威伯	
官文	本漢軍，姓王，擡入正白旗滿洲。同治三年六月，以金陵克復封。十年
榮綵	官文繼子。
榮緒	官文繼子。光緒三年襲。
興恩	榮緒繼子。光緒四年襲。

正月，卒。謚文恭。

二等伯

伊爾登	鑲黃旗滿洲。天命六年，授二等副將。緣事革。天
噶杜	伊爾登兄之孫。康熙二年八月襲。
唐保住	噶杜子。康熙二十六年十二月襲。雍正六年三
詹布	唐保住嗣子。雍正六年三月，降襲一等阿思哈尼哈
恆德	詹布叔父。雍正十二年六月襲。
伊興阿	恆德兄子。乾隆五年十二月襲。坐事革。
方海	伊興阿兄子。乾隆十四年十二月襲。
索諾木策淩	方海從叔。乾隆十七年十二月襲。四
伍爾圖那思圖	方海孫。乾隆四十七年襲。
貴山	伍爾圖那思圖子。道光十七年襲。
維寬	貴山子。同治六年襲。
維厚	光緒九年襲。
普津	維厚子。光緒二十三年襲。

聰五年，積軍功加至一等副將。十年，又以罪革。崇德六年，以軍功授三等梅勒章京。

月，緣事革。

番。今漢文改爲一等男。

十七年五月，以罪革。尋賜死。

順治二年，加爲一等。七年，恩詔加爲三等精奇尼哈番。九年，恩詔超封三等伯。又以

二等伯	
明安 正黃旗滿	恩詔晉二等伯。十三年，以年老休致。康熙二年，卒。諡忠直。
郎蘇 明安子。順	
班第 郎蘇子。康	
巴圖 班第弟。康	
馬蘭泰 巴圖	
博倫岱 馬蘭	
德寧 博倫岱子。	
白清額 德寧	
永德 白清額堂	
樂善 永德子。嘉	
錫光 樂善子。道	
啓泰 錫光子。光	

洲。天聰八年五月，以自蒙古來歸，授三等昂邦章京。順治七年三月，恩詔加爲二等。
治十一年七月襲。康熙元年九月，緣事革。以其子班第襲。八年八月，復爵。
熙元年九月襲。八年八月罷。二十五年六月再襲。三十四年十二月，以病解退。
熙三十四年十二月襲。
子。康熙四十三年九月襲。雍正七年二月，特旨晉一等侯。乾隆元年，革。
泰從弟。乾隆元年五月襲。十四年八月，給號恭誠。
乾隆二十二年十二月襲。
從弟。原襲三等子，乾隆三十四年七月改襲。
弟。乾隆五十四年襲。
慶十年襲。道光十九年，卒。
光十九年襲。
緒元年襲。

九年正月，恩詔優封三等伯。又以恩詔晉二等伯。十一年，卒。謚忠順。	雍正	七年二月，

二等伯

都雷	正紅旗滿洲。順
新達里	都雷孫。順
石柱	新達里子。順治
七十	石柱叔父。康熙
朱良	七十子。康熙二

贈一等侯。乾隆十四年八月，晉贈一等恭誠侯，世襲。

治二年，以軍功授牛彔章京。七年，以係和碩額駙，加三等阿思哈尼哈番，併前職爲
治十四年襲。坐事革。
十八年，將都雷因和碩額駙所得之三等阿思哈尼哈番銷去，降襲二等阿思哈尼
元年襲。
十二年襲。後降襲。

一等。恩詔加一拖沙喇哈番。特恩加爲三等精奇尼哈番。九年，兩次恩詔超封二等

哈番。今漢文改爲二等男。

	二等伯		
伯。	納海		二等子哈山子。以軍功加至三等阿達哈哈番。順治十二年十
		納秦	納海弟。順治十七年十二月，襲二等伯。
		穆爾泰	納秦子。康熙三十三年十月襲。子奇山降襲。

一月，併哈山職襲封二等伯。

二等伯

馬齊	一等男李榮保兄。康熙五十六年，降
富興	馬齊子。乾隆四年十月襲。
富良	富興弟。乾隆十三年七月，將原襲之
善明	富良子。乾隆四十二年十二月襲。
富爾嵩阿	乾隆六十年襲。
松麐	嘉慶二十年襲。
承志	道光二十三年襲。
宗佑	光緒十一年襲。
宗英	光緒十四年襲。
宗華	宣統三年襲。

襲一等阿達哈哈番。六十一年十一月，仍准襲一等阿思哈尼哈番。十二月，復以勤
騎都尉併爲一等伯。十四年八月，襲一等敦惠伯。卒。謚恭勤。

三	
噶	勞晉封二等伯。乾隆四年五月，卒。諡文穆。十四年八月，晉二等敦惠伯。
穆	
赫	

等伯

爾瑪僧格	二等子博本弟。天聰八年襲。順治九年正月，恩詔晉封三等伯。
哈連	噶爾瑪僧格兄之子。順治九年六月襲。以罪革。
良色	穆哈連叔父之孫。康熙二十三年五月襲。以罪革。

三等襄寧伯	
阿積格尼堪	正白旗滿洲。初襲兄阿哈尼堪之三等甲喇章京，積
伊理布	阿積格尼堪子。順治八年二月襲。九年正月，恩詔晉二等伯。又
阿什譚	伊理布子。康熙十九年八月襲。
英德	阿什譚弟之子。康熙五十年五月襲。以事革。
馬爾遜	英德兄。雍正十年十二月襲。尋緣事革。
阿爾遜	馬爾遜兄。雍正十二年二月襲。
六十一	阿爾遜子。雍正十二年十二月襲。乾隆十四年八月，襲三等襄
德福	六十一從弟。乾隆二十二年十二月襲。
扎拉芬	德福子。乾隆五十五年，襲一等襄寧伯。
哈齊香阿	扎拉芬子。
延慶	哈齊香阿子。
長有	延慶子。光緒二年襲。
銳鏞	長有繼子。光緒十八年襲。

軍功加至一等昂邦章京。順治四年十月，又以軍功優封三等伯。七年，從征湖廣卒
以恩詔晉一等伯。康熙十七年，征湖廣陣亡。謚武壯。
寧伯。坐事革。

三等伯	
石廷柱 正白旗漢	於軍。謚武敏。乾隆十四年八月，贈三等襄寧伯，世襲。
石文炳 廷柱孫。順	
富達禮 文炳子。康	
慶德 富達禮弟。雍正	
祥泰 慶德兄之子。雍	
石勇 祥泰族叔。雍正	
明德 石勇子。乾隆四	
阿裕嚕 明德子。嘉	
呢爾吉巴圖	
景全 呢爾吉巴圖子。	
鳳岐 景全子。光緒十	

軍。順治七年八月，以軍功由一等精奇尼哈番封三等伯。八年正月，復以軍功晉二

治十八年八月襲。

熙三十四年十一月襲。雍正八年六月，緣事革。後降襲。

八年六月，降襲一等精奇尼哈番，又一拖沙喇哈番。今漢文改爲一等子，又一雲騎

正十一年十月襲。緣事革。

十二年十二月襲。

十四年十二月襲。

慶三年襲。

阿裕嚕子。道光二十七年襲。

光緒五年襲。

七年襲。

等伯。九年正月，恩詔晉一等伯。十四年八月，緣事降三等伯。十八年，卒。諡忠勇。

尉。坐事革。

三等伯	
王之鼎	二等子王世選子。順治七年十一月襲。九年正月，恩詔加爲一
王鈗秀	之鼎子。康熙二十二年四月襲。
王鈛	鈗秀子。康熙三十四年六月襲。乾隆十四年八月，襲三等誠武伯。
王淳	鈛子。乾隆十五年七月，降襲二等子。
王條	淳子。乾隆十八年十二月襲。
王熾	條子。乾隆二十四年十二月襲。
王炎	熾弟。乾隆三十六年襲。
王增	炎子。乾隆五十二年襲。
王羹	增叔祖子。道光四年襲。
王基	羹子。道光十三年襲。
桂普	基子。同治七年襲。
德源	桂普子。光緒二十四年襲。
德浩	德源弟。光緒二十五年襲。

等精奇尼哈番。康熙九年二月，以軍功晉封三等伯。十九年，在貴州殉節。謚忠毅。乾

三等伯	
六十 二等子普漢弟。崇德二年十月襲。順	隆十四年八月，贈三等誠武伯。
佟國瑤 六十子。順治十七年五月襲。卒。	
海福 佟國瑤子。康熙二十九年六月襲。	

治九年正月，恩詔晉封三等伯。

諡忠愍。

三等伯

車爾布	一等子葉臣子。順治三年，積軍
蟒喀	車爾布子。康熙七年襲。
圖祿	蟒喀子。康熙五十四年襲。
亭一	圖祿子。乾隆元年襲。
瑚圖靈阿	亭一□。乾隆四十三年襲。
花里雅松阿	嘉慶七年襲。
伊隆阿	嘉慶十八年襲。
貴明	嘉慶二十一年襲。
常興	貴明叔。道光十八年襲。
常英	常興弟。道光二十年襲。
海泉	常英子。同治元年襲。
榮椿	光緒十三年襲。
連奎	光緒三十年襲。

功授牛彔章京兼半個前程。緣事降拖沙喇哈番。五年，分襲伊父之二等精奇尼哈

番。九年，恩詔晉封三等伯。十四年，以軍功晉一等伯，又一拖沙喇哈番。緣事仍降爲

三等伯。	三等伯
	線國安正紅旗漢軍。順治十一年九月，以軍功由二等阿思

三等伯	
巴都禮正白旗滿	哈尼哈番封三等伯。康熙十四年四月，病故。無襲。
卓羅巴都禮子。天聰	
赫特賀卓羅孫。康	
舒敏赫特賀弟。康熙	
伊雷舒敏子。康熙三	
伊勒慎舒敏子。康	
永慶伊勒慎子。乾隆	
豐陞額永慶子。	
松岫豐陞額子。	
達明松岫叔祖之孫。	
瑞麒達明子。	
恩濤瑞麒子。光緒十	

洲。國初征大同，陣亡。天聰八年十一月，贈三等梅勒章京。康熙四年，晉贈三等伯。
八年十一月，襲三等梅勒章京。順治二年九月，以功晉一等。九年正月，累晉一等。康
熙七年十二月襲。
十六年六月襲。
十八年閏七月襲。
熙四十三年九月襲。
十三年十二月，降襲三等伯。十四年八月，襲三等昭毅伯。二十四年六月，以軍功晉
同治五年襲。
五年襲。

熙二年十二月，以功晉封二等伯。卒。謚忠襄。乾隆十四年八月，贈二等昭毅伯，世襲。

二等昭毅伯。

三等伯

襲圖一等男艾音達睦子。康熙十九年六月，襲一等子。三十六年七月，以

噶敏圖襲圖子。康熙三十九年三月，襲三等伯。坐事革。

永泰噶敏圖弟。康熙五十七年十二月，仍降襲二等精奇尼哈番。今漢文

富勒赫永泰子。乾隆二十年七月，襲二等子。

珠爾松阿富勒赫子。乾隆五十三年襲。

三等伯	
阿喇納　一等子哈岱孫。康熙十九年十一月襲。雍	軍功晉封三等伯。
伍彌泰　阿喇納子。雍正二年十二月，襲三等伯。乾	
伍彌烏遜　伍彌泰子。乾隆五十一年十二月襲。	改爲二等子。
景文　伍彌泰子。嘉慶元年十二月襲。	
伍彌烏遜　伍彌泰子。嘉慶三年襲。	
鄂羅什音阿布拉克齊　伍彌烏遜	
拉什格哩克　伍彌烏遜子。嘉慶九年襲。	
彥慶　道光十八年襲。	
彥齡　彥慶弟。同治六年，襲三等誠毅伯。	
保林　彥齡子。同治八年襲。	

正二年，以在布隆吉病故，加贈拜他喇布勒哈番，併爲三等伯。乾隆十四年八月，贈

隆十四年八月，襲三等誠毅伯。

子。嘉慶六年襲。

三等誠毅伯，世襲。

三等襄勤伯	
鄂爾泰	鑲藍旗滿洲。雍正五年十二月，以軍功授
鄂容安	鄂爾泰子。乾隆十年十二月襲。十四年八
鄂津	鄂容安子。乾隆二十一年四月襲。
鄂岳	鄂津之兄。乾隆三十四年十二月襲。
保倫	鄂岳子。嘉慶十四年十二月壬寅襲。
福謙	保倫子。道光六年襲。
趙珏	福謙子。同治八年襲。

爲一等輕車都尉。七年正月，萬壽恩詔晉三等男。十年二月，以平苗積功晉一等伯。
月，改襲襄勤伯。二十年八月，殉節伊犂。謚剛烈。

十三年七月，諸苗叛，降三等男。八月，加賜一等輕車都尉，併作一等子。乾隆二年十

二月，復給一騎都尉，併爲三等伯。十年四月，卒。諡文端，配享太廟。十四年八月，贈號

三等襄勤伯。	三等勤宣伯
	張廷玉　江南桐城人。雍正八年十月，以勞賜世職。十三

年八月，併其世職封三等子。乾隆二年十二月，晉封三等伯。十四年八月，賜號三等

三等忠勤伯	
黃廷桂　鑲紅旗漢	勤宣伯。十四年十二月，革。後卒。諡文和，配享太廟。
黃嘉　黃廷桂長孫。乾	
黃文煬　黃嘉子。乾	
瑞保　黃文煬子。嘉慶	
松山　瑞保子。道光五	
黃永安　松山子。光	
廣俊　黃永安子。宣統	

軍。乾隆二十三年十二月，以軍功由騎都尉晉封三等忠勤伯。二十四年正月，卒。謚
隆二十四年六月襲。
隆三十三年十二月襲。
九年襲。
年襲。
緒元年襲。
元年襲。

文襄。

三等敬勤伯

鄂爾奇達遜	正黃旗滿洲。原額魯特台吉。乾隆二十七年五
徹靈達史	鄂爾奇達遜子。乾隆四十六年十二月襲。五十一年，
伊昌阿	徹靈達史子。乾隆五十三年襲。
敦珠布拉史	伊昌阿叔父。乾隆五十五年襲。五十七年故。無

	三等伯
月，敍功封三等敬勤伯。	溫福　鑲紅旗滿洲。乾隆三十八年六月，以征金
移入本旗蒙古。	永保　溫福子。乾隆三十八年襲。旋停。
嗣停襲。	

	三等壯烈伯
川陣亡，追封一等伯。七月革。	李長庚　嘉慶十三年，自福建水師提督
	李廷鈺　長庚嗣子。

三等伯	
許世亨	四川人。官廣西提督。乾隆
許文謨	世亨子。乾隆五十四年襲。
許琳	文謨子。道光年襲。
許保瑞	文謨次子。道光二十六年
許承龍	世亨曾孫。同治十二年八

以勦海寇蔡牽陣亡。追封，諡忠毅。

慕	
鄭	五十三年，以平安南功封一等子。五十四年，以陣亡富良江，贈三等伯。
鄭	
	襲。
	月襲。

恩伯	
纘緒	正白旗漢軍。康熙二年八月，以投誠封二等伯。十二月，改慕恩伯。
修典	鄭纘緒子。康熙六年六月襲。後無襲。

承恩伯	
周全斌	正黃旗漢軍。康熙三年四月，以投誠封三等伯。十二月，改承恩
周公仁	周全斌子。康熙十一年七月襲。
周鳴岐	周全斌孫。康熙五十九年，因伯爵襲次已完，特旨賜襲三等阿

伯，食三等伯俸，准襲一次。卒。諡恪順。

達哈哈番。今漢文改爲三等輕車都尉。

伯

馬承廕 康熙十八年，以來降

忠誠伯

馮希范　正白旗漢軍。康熙二十一年，以自臺灣歸順封。無襲。

封。後反誅。

清史稿卷一百七十一

表十一

諸臣封爵世表四

初封	一等子
	多爾機達
一次襲	博地 多爾機達
二次襲	色楞 博地子。康
三次襲	黑達色 色楞
四次襲	奇拉克 黑達
五次襲	興安 奇拉克子。
六次襲	保清 興安子。
七次襲	伊什扎木
八次襲	祥麟 伊什扎木
九次襲	俊璋 祥麟子。光
十次襲	
十一次襲	
十二次襲	
十三次襲	
十四次襲	
十五次襲	
十六次襲	
十七次襲	
十八次襲	

爾漢諾彥 鑲黃旗蒙古。崇德元年，以來歸授一等梅勒章京。順治二年，以
爾漢諾彥子。順治十七年七月襲。
熙四十五年十二月，降襲三等精奇尼哈番。今漢文改爲三等子。
子。雍正三年五月襲。
色子。乾隆二十四年十二月襲。
乾隆四十八年十二月襲。
蘇 保清子。
蘇子。
緒十一年襲。

係太宗恩養之臣，加半箇前程，課績加爲三等昂邦章京。恩詔加至一等，又一拖沙

一等子	
祖澤潤 正黃旗漢	喇哈番。今漢文改爲一等子，又一雲騎尉。卒。諡順僖。
祖植松 祖澤潤子。	
祖興邦 祖植松子。	
官保 祖興邦子。康熙	
祖俊 官保弟。康熙五	
祖雲龍 祖俊子。雍	
拉瑪 祖雲龍子。乾隆	
那慶 拉瑪弟。乾隆四	
如意 那慶弟。乾隆五	
庚音布	
志和 庚音布孫。咸豐	
麟桂	
鍾綸	

軍。崇德元年六月，以隨父祖大壽投誠，授三等昂邦章京。順治元年二月，以軍功加

順治十八年正月襲。

康熙二十年六月襲。

二十九年十月襲。

十九年七月，降襲二等精奇尼哈番。今漢文改爲二等子。

正七年二月襲。

三十一年十二月襲。緣事革。

十八年十二月襲。

十年十二月襲。

七年襲。光緒四年，更名志桐。

為二等。緣事革。尋以軍功復職。九年，恩詔加至一等，又一拖沙喇哈番。今漢文改為

	一等子，又一雲騎尉。
一等子	
色楞徹臣　鑲白旗蒙古。崇德元年五月，以來歸	
阿鋶錫　色楞徹臣子。康熙十一年十二月襲。無嗣。	

授三等昂邦章京。順治二年二月，以軍功加爲二等。九年，恩詔加至一等，又一拖沙

	一等子
喇哈番。今漢文改爲一等子，又一雲騎尉。	張存仁鑲藍旗漢軍。崇德元
	張珽存仁孫。順治九年正月襲。
	張朝午珽叔父。順治十年六
	張瑆朝午子。康熙五十六年五
	張世芳瑆子。乾隆五年十二
	張秉聰世芳子。乾隆三十九
	張仲敬秉聰子。嘉慶十一年
	張廷岳仲敬姪。道光十九年
	張國正廷岳子。光緒元年襲。
	張裕輝國正子。光緒二十四

年六月，以祖大壽投誠，授三等梅勒章京。順治三年五月，軍功加至三等昂邦章

月襲。

月，降襲三等精奇尼哈番。今漢文改爲三等子。

月襲。

年襲。

襲。

襲。

年襲。

京。九年，恩詔加至一等，又一拖沙喇哈番。今漢文改爲一等子，又一雲騎尉。是年卒。

謚忠勤。

一等子

阿楠達

一等男圖霸子。順治十二年三月襲。康熙五年，併伊

伯父瓦色之拜他喇布勒哈番又一拖沙喇哈番，襲爲一等精奇尼哈番。今漢文改爲一

	一等子	
等子。陣亡。	六格	一等子阿楠達子。康熙十九年三月襲。二十五年，追敍伊
	沙晉	六格子。雍正十年閏五月襲。降襲一等男。
	博爾敦	沙晉子。乾隆十五年十二月襲。
	博爾忠額	博爾敦子。乾隆四十五年十二月襲。

一等子	
陳泰 鑲黃	父陣亡功，加一拖沙喇哈番。今漢文改爲一等子又一雲騎尉。
倪滿 陳泰	
白奇 倪滿	
善岱 白奇	
陳隆 善岱	
全泰 陳隆	
福恩 全泰	
廣順 全泰	
桂林 廣順	
維榮 桂林	
惠志 維榮	

旗滿洲。崇德六年以，軍功授牛彔章京。順治八年正月，以軍功晉封二等阿思哈尼哈番。
嗣子。順治十三年八月襲。
嗣子。順治十八年正月襲。以才力不及，爵除。
子。康熙三十四年十二月襲。
子。乾隆十四年五月，降襲一等男。
孫。乾隆六十年襲。
子。嘉慶二十二年襲。
嗣子。道光七年襲。
子。同治十年襲。
子。光緒九年襲。
子。光緒二十二年襲。

九年正月，恩詔晉三等精奇尼哈番，又晉二等。十三年，以軍功晉一等。今漢文改爲一等子。卒。諡忠襄。

一等子	
阿爾津	正藍旗滿洲。順治五年六月，積軍功授一等阿
濟錫	阿爾津子。順治十七年七月襲。以罪革。
卓林	濟錫弟。康熙八年十月襲。以才力不及，革。
噶住	卓林叔父。康熙三十四年十二月襲。
德克經額	噶住子。康熙四十五年九月，降襲二等精
伊凌阿	德克經額子。雍正九年六月襲。
六十五	伊凌阿從弟。乾隆三年十二月襲。
積福	六十五子。乾隆十四年十二月襲。
福祿	積福子。乾隆五十三年襲。
三音博勒格圖	福祿子。嘉慶七年襲。
雙壽	三音博勒格圖子。道光二十四年襲。
連祥	雙壽子。同治十年襲。
文澤	連祥子。
錫善	文澤繼子。光緒二十四年襲。

思哈尼哈番。八年，二月，加至二等精奇尼哈番。九年正月，恩詔晉一等。卒。諡端果。

奇尼哈番。今漢文改爲二等子。

一等子	
冷格里	正黃旗滿洲。國初積軍功,授一等總兵官。今漢文改爲一等子。
穆成額	冷格里子。天聰八年襲。
穆赫林	穆成額子。崇德五年六月襲。順治九年正月,恩詔晉封二等伯,
四格	穆赫林子。康熙四年正月,襲一等伯。
吉當阿	四格子。康熙四十九年二月,降襲一等精奇尼哈番。今漢文改
色克圖	吉當阿弟。雍正四年六月襲。
楊桑阿	色克圖兄子。乾隆九年十二月襲。十八年,緣事革。
舒崇阿	楊桑阿弟。乾隆十八年十二月襲。二十五年十二月,卒。仍以兄
楊桑阿	乾隆二十五年復襲。
賽炳阿	楊桑阿弟子。乾隆三十年十二月襲。
舒勳	賽炳阿子。
瑞文	舒勳子。道光七年襲。
奎文	瑞文叔祖扎清阿孫。道光二十八年襲。
貴文	奎文弟。咸豐三年襲。
毓順	貴文子。同治元年襲。
鍾斌	毓順子。光緒十七年襲。
榮華	鍾斌叔子。光緒三十一年襲。

一等子	
顧爾布錫　鑲黃旗滿洲。原係喀爾喀巴禹特貝	卒。謚武襄。
色楞　顧爾布錫子。順治十八年三月襲。	
多爾濟　色楞子。康熙二十五年十二月襲。	又晉一等伯。
沙穆巴　多爾濟子。康熙三十年襲。	
阿世坦　沙穆巴伯父之子。康熙四十七年四月，降	爲一等子。坐事革。
沙進　阿世坦弟。康熙五十年十月襲。	
伽藍保　沙進兄之子。康熙五十七年十二月襲。坐	
景文　伽藍保子。乾隆十三年六月襲。	楊桑阿襲。
托喜　景文弟。乾隆二十五年十二月襲。	
博昆　托喜子。嘉慶十七年襲。	
珠爾杭阿　博昆子。同治七年襲。	
勳良　光緒八年襲。	

子。天命六年，率部屬來歸，授三等總兵官。順治元年，以軍功晉二等。七年，恩詔晉一
襲二等精奇尼哈番。今漢文改爲二等子。
事革。乾隆八年十一月復襲。

等。今漢文改爲一等子。八年正月革。九年十一月復封。十八年正月，卒。謚襄武。

一等子

敦拜	正黃旗滿洲。天聰八年，以辦事勤慎，授牛彔章京。軍功加至一等阿
胡什布	敦拜弟之孫。順治十六年七月襲。
瑪爾岱	胡什布子。康熙四十五年十一月，降襲一等阿思哈尼哈番。今
富鼐	瑪爾岱子。乾隆二年十二月襲。以事革。
富如	富鼐從姪。乾隆七年十二月襲。
阿克棟阿	富如子。乾隆十八年三月襲。
傅和德	更名文成。阿克棟阿子。乾隆三十一年十二月襲。
富僧阿	文成從叔祖。乾隆五十二年襲。
成明	富僧阿子。道光二年襲。
鳳紀	成明子。道光十九年襲。
連興	鳳紀子。光緒元年襲。
祥茂	連興子。光緒十七年襲。

達哈哈番。順治七年五月，以軍功加爲三等阿思哈尼哈番。八月，緣事降。事白，復前
漢文改爲一等男。

職。九年正月，恩詔晉一等阿思哈尼哈番。十三年閏五月，以軍功晉一等精奇尼哈

一等子		
準塔	正白旗滿洲。天聰八年，以辦事	番。今漢文改爲一等子。卒。諡襄壯。
阿喇彌	準塔弟。順治五年六月襲。	
雅爾瑚	阿喇彌孫。康熙二十一年	
舒書	準塔兄之子。康熙二十一年七	
邁圖	舒書子。康熙三十三年閏五月	
尹達	準塔弟之子。康熙四十六年八	
西佛	尹達子。康熙五十三年十一月	
關保	西佛兄之子。雍正四年七月襲。	
積德	關保伯祖之曾孫。乾隆四年十	
常安	積德子。乾隆十七年十二月襲。	
永住	常安伯祖之二世孫。乾隆五十	
福克精阿	永住叔曾祖之三世	
清泰	福克精阿叔高祖之六世孫。道	
額勒精額	清泰子。	
恩綬	額勒精額子。	
扎昆珠	恩綬子。宣統三年襲。	

有能，授牛彔章京。崇德四年七月，以軍功加至二等梅勒章京。緣事降。順治五年六

七年，恩詔准世襲罔替。九年正月，恩詔晉封二等伯。緣事降三等伯。

三月，襲三等伯。

月，因阿喇彌罪，銷去恩詔所得，仍降襲一等精奇尼哈番。今漢文改爲一等子。

襲。以罪革。

月襲。

襲。

二月襲。

三年襲。

孫。嘉慶六年襲。道光十一年九月，以聲名狼藉革。

光十一年襲。

一等	
范文	月，以軍功加至一等精奇尼哈番。今漢文改爲一等子。卒。諡襄毅。
范承	
范時	
范濟	
范建	
范樹	
范正	
范一	
范懋	
范懋	
范先	

子

程	鑲黃旗漢軍。天聰八年，以軍功授三等甲喇章京。崇德元年，課績加爲二等。順
斌	文程子。康熙六年正月襲。
捷	承斌子。康熙三十四年四月襲。
時	捷子。乾隆三年十二月，降襲一等男。
中	濟子。乾隆七年十二月襲。
廷	建中子。嘉慶五年襲。
容	樹廷子。嘉慶二十四年襲。
夔	正容子。道光四年襲。
昭	一夔子。道光十八年襲。
彰	懋昭曾祖之曾孫。咸豐十一年襲。
彝	懋彰子。光緒二十一年襲。

治二年二月，以勤勞加至三等梅勒章京。五年十一月，加至一等。九年正月，恩詔晉

一等	
馬光	至一等精奇尼哈番。今漢文改爲一等子。康熙五年八月,卒。諡文肅。
馬思	
馬世	
馬元	
馬元	
馬肇	
恆興	
寶善	
鍾祺	
榮振	

子	
遠	鑲黃旗漢軍。天聰八年五月,以投誠授一等昂邦章京。今漢文改爲一等子。卒。
文	馬光遠弟之子。順治四年襲。九年正月,恩詔晉封三等伯。
斌	馬思文子。康熙二十五年七月,襲三等伯。
熙	馬世斌子。雍正二年十二月,仍降襲一等精奇尼哈番。今漢文改爲一等子。坐
凱	馬元熙弟。乾隆五年十二月襲。
永	馬元凱子。乾隆二十七年十二月襲。
馬肇	永子。嘉慶十三年襲。
恆興	子。光緒九年襲。
寶善	子。光緒二十七年襲。
鍾祺	子。

	一等子	
謚誠順。	祖澤洪	鑲黃旗漢軍。崇德元年六月，以隨大壽投誠，授一
	祖良棟	祖澤洪子。康熙五年四月襲。
	祖良璧	祖良棟弟。康熙九年八月襲。
事革。	祖應樞	祖良璧子。康熙五十七年十二月，降襲一等阿思哈
	祖尙賢	祖應樞子。雍正十一年八月襲。
	祖學恭	祖尙賢子。乾隆二十五年十二月襲。坐事革。
	祖學讓	祖學恭弟。乾隆三十年十二月襲。
	裔恆	祖學讓子。乾隆四十年十二月襲。
	祥安	裔恆子。嘉慶二十年襲。
	者慶	祥安孫。咸豐十年襲。

等梅勒章京。順治八年正月，以軍功累加爲三等精奇尼哈番。九年正月，恩詔晉至

尼哈番。今漢文改爲一等男。

一等子	
塔什海護魯格 鑲黄旗蒙古。崇德元	一等。今漢文改爲一等子。
馬德理 塔什海護魯格孫。順治九年正月襲。	
黑雅圖 馬德理子。康熙十四年閏五月襲。	
關壽 黑雅圖子。康熙四十六年四月，降襲三等	
善福 關壽子。雍正十一年十月襲。	
常明 善福子。乾隆三十二年十二月襲。	
德奎 常明子。	
文志 德奎子。道光八年襲。	
恩裕 文志子。	
祥霖 恩裕繼子。同治十一年襲。	

年五月，以來歸授三等精奇尼哈番。順治九年正月，恩詔加至一等。今漢文改爲一

精奇尼哈番。今漢文改爲三等子。

	一等子	
等子。	郭爾圖徹臣	正黃旗蒙古。崇德元年五月，以率戶口來歸，授
	塞爾音察克	郭爾圖徹臣子。順治五年十二月襲。
	班第	塞音察克子。順治十五年七月襲。
	巴爾彌特	班第伯父之子。順治十八年五月襲。
	多爾濟	巴爾彌特子。康熙三十三年四月襲。
	鄂奇爾	多爾濟兄。康熙五十四年二月襲。
	永達爾	鄂奇爾子。康熙五十七年十二月襲。
	巴扎爾	永達伯父。康熙五十八年八月襲。
	鍾文	巴扎爾子。乾隆十六年閏三月襲。坐事革。
	鍾惠	鍾文弟。乾隆十八年十二月襲。
	慶祥	鍾惠孫。乾隆五十一年十二月襲。
	吉善	
	英志	吉善子。光緒九年襲。
	啓勳	英志子。光緒十一年襲。
	啓元	光緒十三年襲。

一等昂邦章京。今漢文改爲一等子。

一等子	
德參濟旺	正黃旗蒙古。崇德元
噶爾瑪	德參濟旺子。順治五年八
劉保住	噶爾瑪孫。康熙二十九年
常在	劉保住子。雍正七年二月襲。
拜淩阿	常在子。乾隆元年十二月
達崇阿	拜淩阿弟。乾隆十四年十
塔思哈	達崇阿子。乾隆四十七年
吉祥保	塔思哈子。乾隆五十四年
慶興	吉祥保子。嘉慶三年襲。
慶祿	
玉麟	
榮恩	光緒二十五年襲。

年五月，以率部屬來歸，授一等昂邦章京。順治二年十月，緣事降爲三等。四年三月，

月襲。

九月襲。

襲。坐事革。

二月襲。

十二月襲。

襲。

一等子	
峨爾克奇代青，正白	又以軍功加至一等。今漢文改爲一等子。
嘉穆素，峨爾克奇代青子。崇	
根篤賈布，嘉穆素子。康熙	
綽格圖，根篤賈布子。康熙六	
希喇巴，峨爾克奇代青弟之	
喇馬布，希喇巴叔父之	
八達理，喇馬扎布弟。康熙四	
常德，八達理子。雍正十二年五	
溫都遜，常德兄子。乾隆九年	
德爾格楞貴，溫都遜子。	
策楞多爾濟，德爾格楞	
敬昌，策楞多爾濟孫。咸豐六年	

旗蒙古。崇德元年五月，以率戶口來歸，授二等昂邦章京。七年八月，以軍功加爲一
德八年二月襲。恩詔准世襲罔替。
六年十月襲。尋卒。
年十二月襲。
孫。康熙九年十月襲。
子。康熙十三年九月襲。
十四年八月襲。
月襲。
十二月襲。
乾隆二十四年十二月襲。
貴姪。嘉慶九年襲。
襲。

一等子	
布爾哈都正藍	等。今漢文改爲一等子。卒。順治十八年，追謚勤良。
班胐布爾哈都子。順	
巴特馬桑班胐	
索諾木喇什	
吉昌索諾木喇什子。	
色布騰吉昌子。乾	
巴彥庫拉哲	
那木札爾巴彥	
哈達固濟拉	
圖們達賚哈達	
誠志圖們達賚繼子。	

旗蒙古。崇德元年六月，以率戶口來歸，屢立軍功，授一等昂邦章京。今漢文改爲一
治元年三月襲。九年正月，恩詔晉封一等伯。
子。康熙二年四月，襲一等伯。
巴特馬桑子。康熙二十二年十二月襲。
康熙五十五年襲。
隆三十六年十二月襲。
依色布騰子。嘉慶二年襲。
庫拉哲依子。嘉慶十六年襲。
那木扎爾子。
固濟拉繼子。
光緒二十年襲。

等子。

一等子	
胡有陞	鑲白旗漢軍。崇德四年八月,以投誠授三等梅勒章京。順
胡啓泰	胡有陞子。康熙六年閏四月襲。
胡繩祖	胡啓泰子。康熙三十四年十二月襲。
胡世勳	胡繩祖子。康熙五十七年十二月,降襲一等阿思哈尼哈
胡松齡	胡世勳子。乾隆八年十二月襲。坐事革。
胡松年	胡松齡從弟。乾隆十一年十二月襲。坐事革。
百順	胡松年從姪。乾隆二十一年十二月襲。
七十一	百順子。乾隆四十五年三月襲。
扎拉豐阿	七十一子。道光七年襲。
富珠隆阿	扎拉豐阿弟。道光十三年襲。
誠配	富珠隆阿族弟。道光十九年襲。
富興阿	誠配族弟。光緒元年襲。
廣喜	富興阿子。光緒十年襲。
海山	廣喜子。光緒二十三年襲。

治元年二月，以軍功晉爲二等。九年正月，以恩詔晉至三等精奇尼哈番。康熙三年

番。今漢文改爲一等男。坐事革。

一等子	
巴泰　鑲藍旗漢軍，姓金。崇	十月，以軍功晉至一等。今漢文改爲一等子。
蘇赫　巴泰子。康熙三十年	
蘇白合　蘇赫子。康熙五	
金文彥　蘇白合子。雍正	
通瑞　金文彥子。乾隆九年	
和鳴　通瑞從叔。乾隆十四	
金文奎　和鳴從弟。乾隆	
菩薩保　金文奎子。乾隆	
慶瑞　菩薩保子。嘉慶九年	
金泳　慶瑞子。咸豐十一年	
桂祥　金泳子。同治六年襲。	

德六年，以軍功授半個前程。順治二年，加爲牛彔章京。恩詔加至二等阿達哈哈番。
二月襲。
十九年九月，降襲一等阿思哈尼哈番。今漢文改爲一等男。坐事革。
七年六月襲。坐事革。
十二月襲。
年十二月襲。
二十年十二月襲。
四十四年十二月襲。
襲。
襲。

康熙三年四月，以竭盡忠義，加至三等阿思哈尼哈番。九年十一月，以效力年久，加

一	
賴	至一等精奇尼哈番。今漢文改爲一等子。二十九年十一月，卒。諡文恪。
席	
薩	
席	
三	
保	
傅	
六	
福	
福	

等子

達庫	三等男安達禮子。崇德八年襲。順治八年二月，恩詔以軍功加為一等子。
喇	賴達庫子。康熙二十三年五月襲。緣事退。
賴	席喇子。康熙二十八年五月襲。三十七年正月，以不勝任罷。
喇	薩賴父。康熙三十七年正月復襲。四十六年四月，以年老革。
保杜	席喇子。康熙四十六年四月，降襲一等阿思哈尼哈番。今漢文改為一等
奈	三保杜弟。康熙四十八年七月襲。
起	保奈子。雍正六年三月襲。
十五	傅起弟。乾隆二十四年十二月襲。
倫	六十五子。乾隆二十六年十二月襲。
海	福倫子。乾隆五十六年襲。

一等子		
阿山	正藍旗滿洲。順治二年二月，積軍功封三等公。三年	
色赫	阿山子。順治四年七月襲。	
法喀	色赫子。順治六年五月，因阿山罪，降襲一等阿思哈	
桑格	法喀弟。順治十三年五月，襲一等男。	
雅爾泰	桑格子。康熙二十年十一月襲。	男。尋以罪罷。
鄂爾多	雅爾泰叔祖之子。康熙三十六年正月襲。	
圖納	鄂爾多子。雍正元年七月襲。以事革。	
堆音齊	圖納從兄之子。乾隆三年十二月襲。	
法靈阿	堆音齊子。乾隆十二年十二月襲。	
海昌	法靈阿子。乾隆四十九年十二月襲。	
恆康	海昌子。	
阿穆昌阿	恆康伯高祖四世孫。嘉慶十一年襲。	
恆福	阿穆昌阿子。	
奎鳳	恆福子。道光五年襲。	
廷佐	奎鳳子。	
德鑑	廷佐子。宣統二年襲。	

正月，緣事降爲一等昂邦章京。今漢文改爲一等子。
尼哈番。七年，恩詔准世襲罔替。九年正月，恩詔加至三等精奇尼哈番。十二年三月，

一等子	
許定國	
許爾安	
許爾吉	緣事降爲一等阿思哈尼哈番。今漢文改爲一等男。尋以罪革。
許世文	
許重琦	

鑲白旗漢軍。順治二年，以率衆投誠，授一等昂邦章京。今漢文改爲一等子。

許定國子。順治五年八月襲。十二年三月，以罪革戍。

許爾安弟。順治十二年六月襲。

許爾吉子。康熙二十三年三月襲。

許世文子。康熙三十七年七月襲。坐事削，停襲。

一等子

吳拜	正白旗滿洲。順治四年三月，積軍功授一等昂邦章京。七年三月，恩
郎談	吳拜子。康熙四年九月襲。
拉歆	郎談子。康熙三十四年十月襲。
英兆	拉歆子。雍正十三年十二月襲。
文慶	英兆子。乾隆二十九年十二月襲。緣事革。
七十一	文慶從弟。乾隆四十五年十二月襲。
玉興	七十一堂姪。乾隆五十九年襲。
吉昌	玉興子。嘉慶十一年襲。
松羣	吉昌孫。

詔晉封二等伯。十六年三月，緣事降爲一等精奇尼哈番。今漢文改爲一等子。卒。謚勇壯。

一等子	
左夢庚	正黃旗漢軍。順治五年八月，以率屬投誠，授一等精奇尼
左元廕	左夢庚兄之孫。順治十一年三月襲。
左世永	左元廕子。康熙四十二年八月襲。
左宏銳	左世永子。雍正五年閏三月襲。
左淵	左宏銳子。乾隆二十一年十二月襲。
左濤	左淵弟。乾隆五十三年襲。
左廷桐	左濤子。
左炘	左廷桐子。道光十七年襲。任廣東參將，在廣西打仗陣亡，加給
惠成	左炘子。
訥勒賀	惠成子。

一等子	
董學禮正黃旗漢軍。順治五年八	哈番。今漢文改爲一等子。卒。謚莊敏。
董永蕃董學禮子。康熙十九年六	
董斯教董永蕃子。雍正九年十二	
董官董斯教子。乾隆二十八年十二	
董瑞梧董官子。	
治善董瑞梧子。	
繼光治善子。光緒二年襲。	
福順繼光子。	雲騎尉世職。
存淮福順子。	

一等子	
唐通 鑲藍	月，以投誠兼立軍功，授一等精奇尼哈番。今漢文改爲一等子。
唐翰輔	月襲。
唐之汾	月襲。
	月襲。

旗漢軍。順治五年八月，以率衆投誠，授一等精奇尼哈番。今漢文改爲一等子。
唐通子。康熙三年二月襲。
唐翰輔子。康熙十一年襲。五十一年，特旨停襲。

一等子

馬爾賽

二等男譚拜子。順治七年三月襲。九年正月，恩詔加至一等阿思哈

尼哈番，又一拖沙喇哈番。十七年七月，軍功加至一等精奇尼哈番。今漢文改爲一

	一等子
等子。康熙八年二月，卒。諡忠敏。未幾，追革爵諡。	和善 正黃旗蒙古。康熙十
	色特理 和善子。康熙三
	鷹壽 色特理子。雍正三年
	班第 諾木奇塔布囊叔父
	忒古思 班第子。乾隆二
	明保 忒古思子。乾隆四十
	貴亮 嘉慶元年襲。
	保慶 嘉慶十一年襲。
	奎祥 道光九年襲。
	玉麟 光緒十四年襲。
	陞林 光緒三十一年襲。

	一等子
年，兼襲叔祖亥色、叔父阿桑爵，晉一等子。	多爾機班惕思希
十四年十二月，襲一等子。	汪查邇多爾機孫。
六月，降襲一等阿思哈尼哈番。今漢文改爲一等男。	武巴希汪查邇叔。
之三世孫。雍正八年六月襲。	奇旺武巴希弟。乾隆
十八年襲。	忒古思奇旺子。乾
年襲。	巴圖章鶻忒古
	巴爾黨拉蒲

布子。康熙十二年五月，襲三等子。三十九年七月，軍功加爲二等精奇尼哈番。雍正

雍正十一年十二月襲。

乾隆十二年襲。

十九年襲。

隆二十九年十二月襲。以病罷爵。

思弟。乾隆三十二年十二月襲。

齊巴圖章駕子。乾隆五十四年襲。

	一等子
三年四月，又以軍功加爲一等。今漢文改爲一等子。	王進寶甘肅靖遠
	王用予進寶子。康
	王珏用予子。康熙三
	王世廉珏子。康熙
	王永世廉子。乾隆四
	王承勳永子。乾隆

人。康熙十九年，以平川、陝等省功，晉三等精奇尼哈番。尋晉二等。乾隆四十七年，追
熙二十六年，襲二等子。
十五年襲。
六十年襲。
年襲。
三十年襲。四十七年，晉襲一等子。

一等子	
根敦　贈一等伯拉爾敦子乾隆十五年十一月，以其父盡節，封	封一等子。
隆保　根敦從子。乾隆十六年十月襲。三十年三月革。因無應襲	
音德布	
雙喜	
多隆武　雙喜子。咸豐七年襲。	
成全　多隆武子。光緒二十年襲。	

一等之人，子。停襲。

一等子	
明仁	贈一等伯傅清子。乾隆十五年十一月襲。
寶綸	明仁子。乾隆四十年十二月襲。
聯昌	寶綸嗣子。道光十七年襲。
振格	光緒十一年襲。
重鑫	光緒三十三年襲。

一等
豐陞
布彥
熙斂
兆那
寶壽
寶聯
鐵棟

子

額鑲黃旗滿洲。本封一等果毅繼勇公,已見公爵表。乾隆四十一年正月,別給一

達賚豐陞額弟。乾隆四十一年正月襲。餘見外戚表。

布彥達賚子。嘉慶六年襲。道光元年,改襲三等公。見外戚表。

蘇圖熙敏弟。道光十五年十二月襲。咸豐二年八月,卒。

兆那蘇圖子。咸豐三年襲。

光緒三年襲。

宣統三年襲。

	一等子
一等子，以其弟襲封。	王得祿 福建嘉義人。嘉慶十四年，官福建水師提

督，論平蔡牽功，封二等子。道光二十一年，以臺灣海防功，晉一等子，加太子太保。二

一等子	
徐廣縉河南鹿邑進士。官兩廣總督。道	十二年，卒。贈伯爵、太子太師。

一等	
瑞昌	光二十九年，以粵人阻英人入城封。咸豐二年，以勦粵匪貽誤，革。
續光	
和霖	
博霖	

子
鑲黃旗滿洲。官杭州將軍。咸豐十年，以復杭州省城功，予一等輕車都尉。同治元年
瑞昌子。同治六年襲。
光緒七年襲。
和霖族弟。光緒二十四年襲。

	一等子
陣亡，加騎都尉，併為一等子。	李臣典湖南邵陽人。同治三年六月，克
	李長祿臣典嗣子。光緒十年襲。

	一等子
金陵功，封一等子。七月，卒。謚忠壯。	鮑超 四川奉節人。同治三年，由提督
	鮑祖齡 超長子。光緒十四年襲。二

以平粵匪功封。光緒十四年，卒。謚忠壯。

十七年，革。

二等子

索諾穆 正藍旗滿洲。國初以率戶

博本 索諾穆子。襲父職。以罪革。

二等子	
根篤札布	口來歸，授二等總兵官。今漢文改為二等子。卒。謚順良。
達克薩哈	
英謙 達克薩哈	
鄂碩和 英謙	
成林 鄂碩和子。	
松凌 成林嗣子。	
承厚 松凌叔高	
箴彝 承厚子。光	

三等伯穆哈連孫。康熙五十七年五月，降襲二等精奇尼哈番。今漢文改爲二等子。
根篤札布兄。雍正八年六月襲。坐事革。
姪孫。乾隆十五年七月襲。
子。乾隆四十七年襲。
嘉慶二十年襲。
道光二十五年襲。一作成麟。
祖六世孫。
緒三十二年襲。

以罪革。

二等子	
佟養性	正藍旗漢軍。初以投誠授三等副將。遼東克後，加
普漢	佟養性子。天聰八年五月襲。

	二等子
至二等總兵官。今漢文改爲二等子。卒。謚勤惠。	七復　三等伯福海子。康熙
	佟鎔　佟養性之三世孫。原
	八十六　佟養性之四世
	德昌　八十六子。乾隆四十
	和順武　德昌子。乾隆四
	玉慶　和順武子。道光十年
	聯勛　玉慶子。道光三十年
	峻功　聯勛子。光緒十一年

二等	
哈山	四十年五月，仍襲二等精奇尼哈番。今漢文改爲二等子。坐事革。
	襲雲騎尉。雍正七年五月，併襲二等子。坐事革。
	孫。雍正十二年正月，銷去佟鎔雲騎尉，仍襲二等子。
	二年十二月襲。
	十三年十二月襲。
	襲。
	襲。
	襲。

子

鑲藍旗滿洲。初以來歸授備禦。天聰八年，以軍功加至三等梅勒章京。順治二年，加至一等。九年正月，恩詔加至二等精奇尼哈番。今漢文改爲二等子。卒。謚敏壯。

二等子

王世選　正紅旗漢軍。天聰八年五月，以歸順授三等昂邦章京。順治七

二等子	
達運 正黃旗蒙古。崇德元	年三月，恩詔加爲二等。今漢文改爲二等子。
俄奇爾 達運子。康熙十	
巴達爾呼 俄奇爾子。	
色楞 巴達爾呼弟。康熙四	
僧格多爾濟 色楞	
寧德 僧格多爾濟子。乾隆	
保慶 道光九年襲。	
沐恩 保慶子。咸豐二年襲。	
沐璡 咸豐八年襲。	
榮熴 光緒二十七年襲。	

年五月，以自察哈爾來歸，授一等梅勒章京。順治九年正月，恩詔加至二等精奇尼
年九月襲。
康熙四十年十二月，降襲一等阿思哈尼哈番。今漢文改爲一等男。
十九年六月襲。
子。乾隆二十六年十二月襲。
四十九年十二月襲。

哈番。緣事革。尋復原職。今漢文改爲二等子。

二等子

沙理代三等男沙濟弟。

達爾查沙理代叔之孫。

巴特思呼朗達爾

白玉巴特思呼朗姪。乾隆

唐努白玉子。乾隆三十八

常亮唐努弟。乾隆四十七

齊巴克那木札

伍勒登齊巴克那木札

莫德哩伍勒登子。道光

希朗阿道光十五年襲。

恩佑希朗阿子。咸豐四年

福蔭光緒三十一年襲。

原襲兄吳班和碩齊之三等甲喇章京，加爲二等。順治十五年五月，襲兄沙濟之三
康熙九年襲。
查子。雍正三年襲。
元年襲。
年襲。
年襲。
爾常亮嗣子。乾隆五十六年襲。
爾叔。嘉慶八年襲。
七年襲。
襲。

二等子	
巴塞卓爾齊泰 正黃旗蒙古。崇	等阿思哈尼哈番，併爲二等子。
巴岱 巴塞卓爾齊泰子。順治二年七月襲。	
色楞 巴岱弟。順治五年七月襲。	
阿玉錫 色楞子。順治十八年五月襲。	
吳巴希 阿玉錫子。康熙五十一年二月	
吳巴第 吳巴希弟。雍正三年六月襲。	
班珠爾 吳巴希子。乾隆五年六月襲。	
巴圖扎布 班珠爾弟。乾隆十九年十	
羅布桑依喜 巴圖扎布子。乾隆四	

德元年五月，以率戶口來歸，授三等昂邦章京。順治二年七月，軍功加爲二等。今漢

襲。以罪革。

二月襲。

十二年十二月襲。

二等子	
叟格都蘭 鑲紅旗蒙古。崇德元年五月，以自察哈爾	文改爲二等子。
三津 叟格都蘭子。順治三年五月襲。恩詔准世襲罔替。	
渾進 三津弟。順治十四年十月襲。	
阿里渾 渾進子。康熙十八年四月襲。尋追敍伊父軍功，	
根篤札布 阿里渾子。康熙五十六年四月襲。	
達勒瑪大都 根篤札布子。乾隆八年襲。	
班札布 達勒瑪大都叔。乾隆十六年襲。十七年，以軍功	
丹達爾布瑪 班札布姪孫。初襲雲騎尉，併爲一等	
董魯 丹達爾布瑪子。嘉慶六年襲。	
多爾濟	
巴彥德拉格爾 多爾濟孫。光緒二十三年襲。	

率衆來歸，授三等昂邦章京。順治三年五月，以軍功加爲二等。今漢文改爲二等子。

加爲一等精奇尼哈番。今漢文改爲一等子。

加一雲騎尉，加爲一等子。

子兼一雲騎尉。乾隆三十年十二月襲。

二等子	
覺羅色勒	鑲黃旗滿洲。崇德二年，以軍功授牛彔章京。順治四年，以
覺羅額爾德	覺羅色勒子。順治二年，以軍功授牛彔章京，恩詔加
覺羅喇祜塔	覺羅額爾德子。康熙十年襲。二十三年十一月，卒。
覺羅噶爾漢	覺羅喇祜塔弟。康熙二十四年七月襲。三十四年十

係武功郡王之孫，加至一等梅勒章京。恩詔加至二等精奇尼哈番。今漢文改爲二
至二等阿達哈哈番。緣事降爲拜他喇布勒哈番。後襲父職，併爲一等精奇尼哈番，
二月，以罪爵除。

等子。十四年六月，卒。謚勤愨。

又一拖沙喇哈番。康熙八年，緣事革去本身所得，止襲二等精奇尼哈番。今漢文改

	二等子
	尼堪　鑲白旗滿洲。崇德五年，以辦事勤慎，授三
等子。十年九月，卒。	

等甲喇章京。定鼎燕京，加爲二等。積軍功加至三等梅勒章京。恩詔加至三等精奇

尼哈番。順治十年五月，以效力年久，加爲二等。卒後，以其職令四人分襲。今漢文改

二等子	
鄂羅塞臣	正藍旗滿洲。崇德七年，以軍功授二等甲喇章
鄂渾	鄂羅塞臣子。康熙四年四月襲。
鄂善	鄂渾子。康熙二十七年七月襲。五十二年五月革。後降襲。

為二等子。

京，恩詔加爲一等。特恩加至三等阿思哈尼哈番，恩詔加至二等精奇尼哈番。今漢文改爲二等子。康熙三年九月，卒。諡果敏。

二等子	
杜爾麻占巴圖魯	
齊錫	杜爾麻占巴圖魯孫。康熙
德爾格爾	齊錫子。康熙十
外庫	德爾格爾弟。康熙三十一
塞布特	外庫子。康熙三十八
索諾木策楞	塞布特子。
林親贊布	索諾木策楞弟。
榮奎	林親贊布孫。道光十年襲。

鑲黃旗蒙古。崇德七年，以軍功授三等甲喇章京。順治二年，以係太宗親臣，加至三
三年五月襲。
五年十月襲。
年五月襲。
年閏七月襲。
乾隆三十二年，降襲三等男。
嘉慶二年襲。

二	
奇	等梅勒章京。恩詔加至二等精奇尼哈番。今漢文改爲二等子。卒。謚忠直。
索	
阿	
三	
巴	
阿	
元	

等子	
塔特徹爾貝	初爲察哈爾宰桑。太宗征察哈爾，來歸。崇德六年，積軍功
諾木奇塔特	奇塔特徹爾貝子。康熙三年襲。
木爾布彥	
音阿木果朗	阿木爾布彥子。咸豐元年襲。
朗	三音阿木果朗子。同治四年襲。
拉布坦塔	奇塔特徹爾貝六世孫。光緒四年襲。
論	阿拉普坦子。光緒十四年襲。

	二等子
晉二等子。	索納馬 蒙古烏魯特貝勒。來歸，封二等子。
	勃綳 索納馬子。
	戛爾馬 勃綳弟。順治二年，升一等子。順治□年，升三等伯。
	穆賀林 戛爾馬兄子。
	賀達色 戛爾馬孫。
	根都札布 穆賀林孫。銷恩詔所加，仍襲二等子。
	達克薩哈 札布兄。根都
	英謙 根都札布兄孫。
	倭所霍 英謙子。
	成敏 倭所霍子。
	松齡 成敏繼子。
	承厚 成敏始祖六世孫。光緒十八年襲。

二等子

劉良佐	鑲黃旗漢軍。順治五年八月，以率官弁十萬投誠，破賊有功，授
劉澤涵	劉良佐子。康熙五年六月襲。
劉俊傑	劉澤涵子。康熙十八年八月襲。坐事革。
常柱	劉良佐孫。雍正五年五月襲。十二年，以罪革，停襲。

	二等子
二等精奇尼哈番。今漢文改爲二等子。	碩色納 鑲紅旗滿洲。順治五
	蒙古 碩色納子。康熙八年十二
	蘇喀 蒙古兄。康熙四十一年閏
	明全 蘇喀子。康熙四十二年襲。
	德克旌格 明全伯父之子。
	明亮 德克旌格叔父之子。乾隆
	花沙布 明亮姪。乾隆二年十
	伍當阿 花沙布子。乾隆十九
	雅爾江阿 伍當阿弟。乾隆
	巴寧阿 雅爾江阿子。乾隆五
	英安
	伊綿阿
	者紳 伊綿阿子。同治元年襲。
	托雲保 者紳子。同治三年襲。
	世魁

年，襲叔父和託之三等阿達哈哈番。恩詔加至一等，又一拖沙喇哈番。十二年，併子

月襲。四十一年閏六月，以罪革。

六月，降襲二等阿思哈尼哈番。今漢文改爲二等男。

雍正八年六月，以罪革。

雍正八年，降襲二等男。

元年十二月，降襲三等男。

二月襲。

年四月襲。

二十九年十二月襲。

十一年襲。

海瀾	之二等阿達哈哈番，襲爲二等精奇尼哈番。康熙四年八月，以軍功加爲二等。

二等子	
蘇克薩哈　正白旗滿洲。順治七年，以本身之三	今漢文改爲二等子。
蘇常壽　蘇克薩哈子。康熙八年襲。	
蘇永祖　蘇常壽兄。康熙十一年襲。五十一年，緣事	
衆神保　蘇永祖兄之子。康熙五十一年，襲三等阿	
阿林　蘇永祖子。雍正七年襲。	

等阿達哈哈番，襲伊父蘇納之三等阿達哈哈番，併爲三等阿思哈尼哈番。恩詔加
銷去恩詔所得，降三等阿思哈尼哈番，以其兄之子襲。五十九年，奉旨復襲。今漢文
思哈尼哈番。五十九年，因不及解退，復以蘇永祖襲。

至一等，又一拖沙喇哈番。軍功加至二等精奇尼哈番。今漢文改爲二等子。康熙六

改爲三等男。

	二等子
年七月，爲鰲拜所殺。謚忠勇。	古木台什鑲白旗蒙古。國初率衆來
	諾爾佈古木台什子。軍功賞給一等子。
	索諾木什喇布諾爾佈子。
	巴哩瑪特索諾木什喇布子。
	齊當巴哩瑪特弟。
	敏珠爾齊當子。
	策博克扎布敏珠爾子。
	布彥德勒格爾策博克扎布子。
	齊墨特永嚨布彥德勒格爾堂弟。
	班咱達喇齊墨特永嚨孫。
	蒙克鄂齊爾班咱達喇子。
	魯普桑則文蒙克鄂齊爾子。光緒

二等子

馬濟勝　福建陸路提督官

歸，賞給三等子。等軍功晉給二等子，世襲罔替。

嘉慶二十二年襲。

道光十一年襲。

二十二年襲。

督。道光十三年，論勦平臺匪功，封二等男。是年十二月，晉二等子。十六年，卒。諡昭武。

二等子		
劉松山		湖南湘鄉人。官廣東陸路提督。同治七年，論平西捻功，予一等
劉鼒		松山子。光緒年襲。官山西按察使。
劉國安		鼒子。光緒年襲。

輕車都尉。九年，攻甘肅金積堡之馬五寨，中磤卒。十年，金積堡平，追加予一等輕車都尉，併爲二等子。

三等子

何和禮　正紅旗滿洲。天命年間，率所部來歸。積軍

三等	
李永	功授三等總兵官。今漢文改爲三等子。天命九年八月，卒。追謚溫順。

子

芳

正藍旗漢軍。天命年間歸順，恩賜三等副將。克遼東後，加至三等總兵官。今漢

	三等子
文改爲三等子。	吳巴海 正黃旗滿洲。國初積軍功授三等昂邦章京。崇

德四年九月，卒。以其職令三人分襲。今漢文改爲三等子。崇德四年，降一等輕車都尉。

三等子

古魯格	正白旗蒙古。崇德三年六月來歸，授一等梅勒章京。順治
吳巴什代	古魯格子。康熙六年二月襲。
阿玉錫	吳巴什代子。康熙二十四年二月襲。
多爾濟	阿玉錫子。康熙三十六年十月襲。以罪革。
丹金	多爾濟叔祖之孫。康熙五十九年七月襲。
札什泰	丹金子。乾隆二年九月襲。二十四年十一月，兼襲三等男。
富勒赫	札什泰子。乾隆三十五年十二月襲。以罪革。
富保	富勒赫弟。乾隆三十六年十二月襲。
羅布藏多爾濟	富保承繼子。乾隆五十四年襲。
沙金達賚	羅布藏多爾濟子。嘉慶二十五年襲。
諾們達賚	沙金達賚弟。道光七年襲。
托克托布	諾們達賚子。同治四年襲。
福隆額	托克托布子。光緒十四年襲。
安續	福隆額子。宣統二年襲。

二年八月，以軍功加至三等昂邦章京。四年，緣事降一等梅勒章京。特恩復授三等精奇尼哈番。今漢文改爲三等子。

三等子

覺善	正紅旗滿洲。國初任備禦。積軍
噶爾圖	覺善子。康熙四年正月襲。
沙爾圖	噶爾圖子。康熙四年八月
三泰	沙爾圖子。康熙二十三年三月
關保	三泰伯父之孫。雍正五年三月，
法保	關保子。乾隆七年十二月襲。
五十一	法保子。乾隆八年十二月
富忠	五十一子。乾隆三十九年十二
法福禮	富忠子。道光九年襲。
文英	法福禮子。同治元年襲。
樂斌	文英繼子。光緒四年襲。

功加至一等甲喇章京，兼半個前程。順治七年三月，恩詔加爲三等阿思哈尼哈番。

襲。

襲。

降襲三等阿思哈尼哈番。今漢文改爲三等男。

襲。

月襲。

軍功加爲二等。緣事降一等阿達哈哈番，又一拖沙喇哈番。事白，復還原職。九年正

三	
祖	月，恩詔加至三等精奇尼哈番。今漢文改爲三等子。康熙三年，卒。諡敏勇。
祖	
祖	

等子

可法	正黃旗漢軍。崇德七年，以投誠授一等副將。軍功加半個前程。順治七年
永烈	祖可法子。順治八年正月襲。九年正月，晉至一等子。
永煦	祖永烈弟。康熙二十年九月襲。雍正十一年，降騎都尉。

三等子	
勞薩 鑲紅	三月，恩詔加為三等精奇尼哈番。今漢文改為三等子。諡順信。

旗滿洲。天聰八年五月，積軍功授三等梅勒章京。崇德四年七月，以軍功加爲二等。

緣事降一等甲喇章京。六年，以軍功復職。七年八月，錦州陣亡，贈三等昂邦章京。今漢文改爲三等子。謚忠毅。

三等子	
孫有光	三等男孫得功子。順治九年，積軍功
孫承祖	孫有光子。順治九年正月，襲三等子。
孫蘭	孫承祖子。康熙二十五年十月，襲三等子。
孫惟善	孫蘭子。康熙五十年五月，降襲一等
保德	孫惟善子。康熙六十年八月襲。
色克精額	保德子。乾隆三十五年十二月
阿爾繃阿	色克精額子。
成祥	阿爾繃阿子。道光二十七年襲。
那丹珠	成祥子。同治五年襲。
思生	那丹珠子。光緒三十三年襲。

晉三等子。

阿思哈尼哈番。今漢文改爲一等男。

襲。

三等子

圖魯什

鑲黃旗滿洲。原係備禦。以

軍功加至二等參將。緣事仍降爲備禦。天聰八年五月，軍功加至三等梅勒章京。十

三等子	
多爾濟正黃	一月陣亡，贈三等昂邦章京。今漢文改爲三等子。謚忠宣。
綽爾濟多爾	
保住綽爾濟弟	
保壽保住子。康	
佛佑保壽弟。康	
白清額佛佑	
祥泰白清額姪。	
福珠禮祥泰	
博昌福珠禮子。	
啓英博昌姪。光	
麟興啓英子。宣	

旗滿洲。天聰八年，以率衆來歸，授牛彔章京。軍功加至一等梅勒章京。順治二年，特

濟弟之子。順治五年十月襲。七年，恩詔加至一等精奇尼哈番，又一拖沙喇哈番。緣

之子。康熙十九年八月襲。

熙五十五年五月，降襲三等精奇尼哈番。今漢文改爲三等子。以疾爵除。

熙五十七年六月襲。

子。乾隆九年十二月襲。三十四年，晉襲恭誠侯。

乾隆五十四年襲三等子。

子。乾隆五十六年襲。

道光十八年襲。

緒十三年襲。

統元年襲。

恩加至三等昂邦章京。今漢文改爲三等子。
事銷去九年恩詔所得，以弟納穆生格襲三等精奇尼哈番。尋以前議過重，仍以綽

三等子	
霸拜 鑲白旗滿	
阿郁實 霸拜	爾濟襲二等精奇尼哈番。今漢文改爲二等子。坐事革。
賴善 阿郁實子。	
安保 賴善子。康	
永福 安保子。乾	
剛奎 永福子。乾	
祥壽 剛奎子。嘉	
德恩 祥壽子。	
常志 德恩子。光	
培鈺 光緒二十	

洲。天聰八年，以率衆來歸，授三等昂邦章京。今漢文改爲三等子。卒。謚僖順。
子。天聰八年五月襲。順治七年，恩詔加爲二等精奇尼哈番。今漢文改爲二等子。
順治七年八月襲。
熙五十五年十二月，降襲三等精奇尼哈番。今漢文改爲三等子。
隆四年十二月襲。
隆三十六年十二月襲。
慶十六年襲。
緒二年襲。
七年襲。

三等子	
馬喇希	鑲紅旗滿洲。天聰八年，襲兄噶祿二等甲喇章京。積軍功加至
馬邇漢	馬喇希子。順治十二年三月襲。
福邇蘇	馬邇漢子。康熙十六年八月襲。
傅來	福邇蘇子。康熙六十年十二月，降襲三等阿思哈尼哈番。今漢文改
書通阿	傅來子。雍正八年六月襲。
舒敏	書通阿子。乾隆十年六月襲。
巴綳阿	舒敏子。乾隆五十年十二月襲。
興保	
喜合	
喜智	喜合弟。道光三十年襲。同治五年革。
喜林	喜智弟。同治五年襲。
喜英	喜林繼子。光緒元年襲。

三等梅勒章京。順治七年，恩詔加爲二等。緣事降一等阿達哈哈番，又一拖沙喇哈

爲三等男。

三	
傅	番。事白，復職。又遇九年恩詔，加至三等精奇尼哈番。今漢文改爲三等子。
穆	
辛	
傅	
富	
福	
福	
咸	
咸	
達	
侍	
文	

等子		
夸	禪	鑲紅旗滿洲。天聰八年，襲父翁柯尼之一等甲喇章京。順治九年，恩詔加
成	格	傅夸禪子。康熙八年六月襲。
住	穆成	格弟。康熙二十二年閏六月襲。以病解爵。
岱	辛住	子。康熙四十一年閏六月，降襲二等阿思哈尼哈番。今漢文改爲二等男。
山	傅岱	子。乾隆三年十二月襲。
寧	阿	富山子。乾隆二十三年十二月襲。以罪革。
通	阿	福寧弟。乾隆二十七年十二月襲。
中	福通	阿子。乾隆四十五年十二月襲。
章	咸中	弟。乾隆五十四年襲。
哈	布	
順		
熙	侍順	孫。同治八年襲。

至一等阿思哈尼哈番。康熙四年二月，以軍功加至三等精奇尼哈番。今漢文改爲

三等子			
張大猷	鑲黃旗漢軍。天聰八年，以出首誘叛之人，授三等甲		三等子。
張應庚	張大猷子。順治九年七月襲。		
張華國	張應庚弟之孫。康熙十七年六月襲。		
張正興	張華國子。康熙三十八年正月襲。		
張正文	張正興弟。康熙四十七年四月，降襲三等阿思哈尼		
張崑	張正文子。乾隆十四年十二月襲。坐事革。		
張峻	張崑從兄。乾隆十九年十二月襲。		
張玉龍	張峻子。乾隆三十六年十二月襲。		
安得	張玉龍子。		
成齡	安得子。		
慶善	成齡子。咸豐八年襲。		
奎光	慶善子。同治二年襲。		
匯泉	奎光子。光緒三十四年襲。		

喇章京。順治三年五月，積軍功加至三等梅勒章京。九年正月，恩詔加至三等精奇

哈番。今漢文改爲三等男。

三等子		
霸奇蘭	鑲紅旗滿洲。天聰九年，積軍功	尼哈番。今漢文改爲三等子。
拜山	霸奇蘭子。天聰十年二月襲。順治九	
瓦爾達	拜山子。康熙六年正月襲。	
衆神保	瓦爾達子。康熙二十八年八月	
保德	衆神保子。康熙四十五年五月，降襲	
白虁	保德子。康熙五十三年十月襲。	
何爾敦	白虁叔祖。康熙五十五年五月	
黑申	何爾敦族孫。雍正七年三月襲。坐事	
勒伸	黑申堂弟。雍正十三年十二月襲。	
齊克唐阿	勒伸之孫。乾隆二十八年	
雙和		
永恰布	雙和子。道光二十五年襲。	
雙瑞	永恰布子。同治二年襲。	
雙順	雙瑞弟。光緒十四年襲。	
恩齡	光緒三十年襲。	

授一等梅勒章京。以傷發身故。十年二月，贈三等昂邦章京。今漢文改爲三等子。

年，恩詔加至一等精奇尼哈番。今漢文改爲一等子。

襲。

三等精奇尼哈番。今漢文改爲三等子。

襲。

革。

十二月襲。

三等子

劉之源	鑲黃旗漢軍。天聰十年，授三等甲喇章京。順治九年正月，恩詔
劉光	劉之源子。康熙二十年四月襲。
劉邦杜	劉光弟。康熙二十二年六月襲。
劉尼雅哈	劉邦杜弟。康熙三十二年三月襲。
劉鳳起	尼雅哈兄之子。康熙三十九年八月，降襲三等阿思哈尼哈番。
劉永年	劉鳳起子。康熙四十四年八月襲。坐事革。
劉保住	劉鳳起叔父之子。康熙四十六年正月襲。以罪革。
章武	劉保住從姪。乾隆五年七月襲。以老罷爵。
玉保	章武子。乾隆十八年十二月襲。
三福	玉保子。乾隆二十九年十二月襲。
長和	三福子。乾隆五十五年襲。
德齡	長和子。道光四年襲。
承勛	德齡子。同治三年襲。
銳啓	承勛子。光緒元年襲。
崇志	銳啓子。光緒二十二年襲。

加至一等阿思哈尼哈番。軍功晉三等精奇尼哈番。後緣事革。事白，復職。今漢文改

今漢文改爲三等男。

三等子		
希福	正黃旗滿洲。天聰十年，積功授三等甲喇章京。課績加爲	爲三等子。
奇塔特	希福子。順治十年正月襲。	
費揚古	奇塔特子。康熙十七年五月襲。	
希昌	費揚古子。康熙四十九年六月襲。	
來先	希昌弟。雍正三年六月襲。坐事革。	
文玉	來先弟。乾隆三十年十二月襲。	
公安	文玉兄子。乾隆十三年十二月襲。	
嵩壽	公安叔曾祖之孫。乾隆十九年十二月襲。	
增保	嵩壽孫。乾隆二十年十二月襲。	
奎善	增保子。嘉慶十五年襲。	
榮昌	奎善繼子。道光二十五年襲。	
文福	榮昌繼子。光緒十八年襲。	
清霖	文福子。光緒二十七年襲。	

二等。順治九年正月，恩詔加至三等阿思哈尼哈番。以功加至一等。四月，又以功加

三等子	
把賴都	爲三等精奇尼哈番。今漢文改爲三等子。九年十一月，卒。謚文簡。
哈岱 把賴	

遜	莽	鼐	正黃旗蒙古。崇德元年，以來歸授一等梅勒章京。八年八月陣亡，加
都遜	莽鼐		子。崇德七年八月襲。順治四年三月，以軍功加爲二等昂邦章京，恩詔准

三	
噶	贈三等昂邦章京。今漢文改爲三等子。
宜	世襲罔替。十一年九月，以軍功加爲一等。今漢文改爲一等子。卒。謚勤壯。
班	
巴	
阿	
百	
博	
該	
永	
奎	

等子

爾瑪葉爾登正黃旗滿洲。崇德元年，以來歸授三等昂邦章京。今漢文

納穆噶爾瑪葉爾登子。順治八年襲。恩詔准世襲罔替。

達爾沙宜納穆子。康熙六年二月襲。

理彌班達爾沙弟之子。康熙三十年十二月襲。坐事革。

爾那巴理彌叔父之子。雍正十一年八月襲。

成阿爾那子。雍正十三年二月襲。

永武百成子。乾隆四十六年十二月襲。

哈蘇博永武子。乾隆五十九年襲。

恰布該哈蘇子。道光十四年襲。

華永恰布繼子。光緒十六年襲。

三等子		
畢喇希	鑲紅旗蒙古。崇德元年六月，以率衆來歸，授三	改爲三等子。
多爾吉	畢喇希子。順治三年十二月襲。九年正月，恩詔	
畢禮格	多爾吉伯父之孫。順治九年四月襲。	
南第	畢禮格子。康熙二十二年八月襲。	
吳爾圖那思圖	南第子。康熙四十八年三月，降	
佛保	吳爾圖那思圖子。乾隆七年五月襲。	
金剛保	佛保子。乾隆十六年十二月襲。	
阿爾京阿	金剛保子。乾隆二十九年十二月襲。	
瑞祥	阿爾京阿子。乾隆五十年十二月襲。	
博玉	瑞祥叔高祖扎拉芬之子。嘉慶十五年襲。	
蘇太	博玉子。道光二十一年襲。	
穆特布	蘇太子。同治十一年襲。	

等昂邦章京。今漢文改爲三等子。

加爲二等精奇尼哈番。今漢文改爲二等子。

襲三等精奇尼哈番。今漢文改爲三等子。

三等子

色稜布篤馬 鑲藍

多爾濟 色稜布篤馬子。

庫色爾特 多爾濟子。

回色 庫色爾特子。康熙十

伊靈阿 回色子。康熙五

西靈阿 伊靈阿弟。雍正

河倫特 西靈阿子。雍正

旗蒙古。崇德元年五月，以率衆來歸，授三等昂邦章京。今漢文改爲三等子。

崇德三年八月襲。順治九年，恩詔加至一等精奇尼哈番。今漢文改爲一等子。

順治十一年九月襲。

八年三月襲。

十五年十二月，降襲三等精奇尼哈番。今漢文改爲三等子。

三年五月襲。

九年四月襲。乾隆十九年，因事革，停襲。

三等子

夏成德	正白旗漢軍。順治元年二月，以投誠授三等昂邦章京。今漢文
夏璞	夏成德子。順治四年六月襲。七年三月，恩詔加爲二等精奇尼哈番。
夏襄元	夏璞子。康熙三十年十一月襲。
夏冕	夏襄元子。雍正九年六月，降襲三等精奇尼哈番。今漢文改爲三等
夏鋭	夏冕之孫。乾隆二十六年十二月襲。
夏永祥	夏鋭子。
武全	夏永祥子。道光十八年襲。後在甘肅陣亡，議給雲騎尉世職。
維璋	武全子。光緒元年襲。
常福	維璋繼子。光緒二十五年襲。

改爲三等子。
今漢文改爲二等子。
子。後因夏晁兄夏坤病故，所遺騎都尉，與夏晁本身原有三等子，併爲一等子。

三等子

朱瑪喇	鑲白旗滿洲。順治二年，以軍功授牛彔章京。九年正月，恩詔加
博通鄂	朱瑪喇子。康熙元年三月，併本身之拜他喇布勒哈番，襲爲一
柯三	博通鄂子。康熙十五年五月襲。
富寧	柯三子。康熙六十年十二月，降襲一等阿思哈尼哈番。今漢文改爲

為三等阿達哈哈番。又以軍功加為二等。又加至三等阿思哈尼哈番。十三年閏五

等精奇尼哈番。今漢文改為一等子。

一等男。乾隆十七年，改輕車都尉。

月，又以軍功加至三等精奇尼哈番。今漢文改爲三等子。卒。諡襄敏。

三等	
李本	

子

深　甘肅西寧人。順治二年，以明提督率高傑所部兵降，封三等子。康熙十二年叛，革。

三等子

吳應熊

平西親王吳三桂子。順治九年，以額駙封三等子。康熙十三年，以三桂反，誅。

三等子

綽爾濟　正白旗蒙古。順治五年，以來歸授拜他喇
納馬札爾　綽爾濟子。康熙二十年十一月襲。後

布勒哈番。恩詔加至二等阿達哈哈番。康熙六年正月，襲叔父鄂齊禮之一等阿達
降襲。

三	
曹	哈哈番又一拖沙喇哈番，併爲三等精奇尼哈番。今漢文改爲三等子。
曹	
曹	

等子

恭誠　正白旗漢軍。崇德元年六月，以投誠授二等阿思哈尼哈番。順治九年，恩

熙麟　曹恭誠子。順治十四年五月襲。

秉桓　曹熙麟子。康熙五年七月襲。子降襲。

三等子	
丹代	一等男噶爾哈圖弟。
夸哈	丹代子。順治十五年

詔加至三等精奇尼哈番。今漢文改爲三等子。

原係拜他喇布勒哈番。順治十二年三月，襲兄職，併爲三等精奇尼哈番。今漢文改

襲。康熙元年，降襲。

爲三等子。

三等子

呂應學	二等男呂國寶子。崇德七年正月襲。順治十四年八
呂雲翔	呂應學□。康熙十一年襲。

月，軍功加至三等精奇尼哈番。今漢文改爲三等子。

三等子

班惕思希布

一等男色稜子。崇德八年五月襲。順治年，恩詔准世襲罔替。十四年九月，軍功加爲

	三等子
三等精奇尼哈番。今漢文改爲三等子。	敬桑 正黃旗滿洲。噶爾瑪索諾

木額駙子。康熙三年,因係固倫端順長公主所生,授三等精奇尼哈番。今漢文改爲

三等子。	三等子
	王輔臣山西大同人。康熙九年，官陝西提督。十三年，以首吳

三等子	
陳世怡	三桂逆書，封三等子。十四年，以叛革。十五年降，復爵。二十年，卒。停襲。
陳世琳	
陳益陳世	
陳大用	
陳述祖	

陳福從子。康熙十五年，襲三等子。	明寶一等男又一雲騎尉法色子。康
陳福子。康熙二十一年襲。	
琳子。雍正八年襲。	
陳益子。乾隆二十八年襲。	
道光年襲。	

三等子

熙三十年五月襲。雍正二年十二月，軍功加爲三等精奇尼哈番。今漢文改爲三等

	三等子
子。	布納海一等男路什子。康熙二十七年七月襲。三十六年七月，軍

功加為三等精奇尼哈番。今漢文改為三等子。

三等子
額森特　正白旗滿洲。乾
哈金泰　額森特子。乾隆
哈豐阿　哈金泰子。乾隆
伊爾綳阿　額森特嗣
德山　伊爾綳阿子。嘉慶元
額勒精額　德山從子。
揚桑阿　額勒精額子。道

三	
三	隆四十一年正月，以軍功封一等男。四十六年六月，以軍功晉封三等子。
佛	四十八年十二月襲。
瑞	五十四年襲。
純	繼子。乾隆五十七年襲。
吉	年襲。
宜	嘉慶七年襲。
阿	光七年襲。

等子	
泰	正白旗漢軍，姓石。原西路參贊大臣。奉命前赴軍營，遇賊被害。乾隆二十四年
住	三泰子。乾隆二十四年四月襲。在四川陣亡，優給騎都尉，加一雲騎尉，併原襲
齡	佛住子。嘉慶二年襲。
綬	瑞齡子。道光十二年襲。
和	純綬子。
麟	吉和子。
霖	宜麟弟。光緒二十五年，銷去佛住所得，仍襲三等子，加一恩騎尉。

三等子		
那彥成	正白旗滿洲。嘉慶十	四月，加恩追封三等子，世襲罔替，謚果勇。
容安	那彥成子。嘉慶二十一年	三等子爲一等子，加一雲騎尉。
容照	容安弟。道光十年十月襲。	
鄂素	容照孫。咸豐二年襲。	
鄂禮	鄂素伯祖之孫。同治二年	

八年十二月，以擊滅天理教匪功，封三等子。二十一年六月革。旋卒。謚文毅。

襲。道光十年十月革。

襲。

三等子
王文雄　貴州玉屏人。官陝西固原提督。嘉慶五年，陣亡西鄉縣法寶山。
王開雲　文雄子。嘉慶五年襲。官山東鹽運使。
王鳳翥　文雄孫。道光二十年襲。

予三等子，諡壯節。